중등부터 시작하는

수능 1등급 독서법

국어 성적 이 대학 을 결정합니다

# 중등부터 시작하는
# 수능 1등급 독서법

배혜림 지음

더디퍼런스

최근 수능 국어 영역은 지문이 촘촘하고 주제나 텍스트의 수준도 높은 편입니다. 단순하게 지문을 읽고 해석하는 능력보다 지문을 정확하게 해석하고 그것을 적용할 수 있는 이해력, 추론력, 독해력, 문해력 등의 읽기 능력을 요구합니다.

국어 영역을 공부하면서 독해 스킬을 사용하면 문제를 빠르게 풀 수 있습니다. 하지만 독해 스킬을 사용해 모든 국어 문제를 풀수 있는 건 아닙니다. 독해 스킬은 중위권에서 상위권으로 올라가는 계단은 될 수 있습니다. 그러나 상위권에서 최상위권으로 가기위한 방법으로는 약합니다. 최상위권이 되려면 제시된 지문을 읽고완전히 이해할 수 있어야 합니다. 이를 위해서는 기본 개념을 완전히 익혀야 합니다. 읽기 능력은 필수고요.

전략적 독서로 얻은 읽기 능력을 바탕으로 듣기·말하기, 읽기, 쓰기, 문학, 문법 등 국어 영역별로 그에 맞는 공부를 꼼꼼히 하는것이 필요합니다. 그래야 수능에서 국어 영역의 성적을 잘 받을 수있습니다.

국어 성적이 대학을 결정합니다.

국어 공부를 잘한다는 것은 국어 성적을 잘 받는다는 뜻입니다. 그러나 독서를 많이 한다고 해서 국어 성적이 잘 나오는 건 아닙니다. 그런데도 국어 공부를 잘하기 위해서 독서는 중요합니다.

많은 아이가 중학교 때까지 어느 정도 성적이 나오다가 고차원 읽기 능력이 필요한 고등학교에 가서 성적이 급락합니다. 이때 국어 문제집을 풀거나 국어 학원을 찾습니다. 그러나 이 방법이 해법은 아닙니다. 고등 국어 성적 차이의 원인은 대부분 독서의 내공 차이입니다. 심지어 과학고등학교에 진학한 학생들도 수학, 과학 중심의 공부를 주로 하다 보니 의외로 국어에서 고전을 면치 못하기도 합니다.

국어 성적을 잘 받기 위해 가장 좋은 방법은 어릴 때부터 다양하고 폭넓은 읽기 경험을 쌓는 것입니다. 이 읽기 능력은 단번에 길러지지 않기 때문에 매일 조금씩 꾸준히 연습해야 합니다. 처음에는 읽기 능력이 길러지는지 의심될 정도로 그 능력이 차이 나지 않지만, 시간이 지날수록 점점 그 격차가 커집니다. 대입 시기에 임박해서 뒤늦게 국어 공부에 집중한들 이미 벌어진 읽기 능력의 차이를 좁히기는 힘듭니다.

초등학생, 중학생 때 국어는 여전히 수학과 영어보다 순위가 밀립니다. 수학과 영어는 당장 잘하고 못하는 것이 눈에 보이기 때문입니다. 초등학생 때부터 꾸준히 독서를 하지 않은 아이는 서서히 읽기 능력이 떨어집니다. 하지만 우리 생활 자체가 국어이기 때문에 읽기 능력을 비롯한 국어 능력의 하락이 눈에 보이지 않습니다. 학년이 올라갈수록 아이들이 읽어야 하는 국어 교과서 속 지문의 길이는 길어지고, 글의 내용도 정교하고 촘촘해집니다. 한마디로 어려워지는 거죠. 이 격차로 인해 고등학생 때 수많은 '국포자'가 양산됩니다. 이 격차를 줄이는 유일한 방법은 독서입니다. 초등학생 때부터 꾸준히 독서를 한 아이는 국어 공부에서 큰 효과를 봅니다. 자연스럽게 독서는 국어 공부에 날개를 달아 줄 것입니다.

독서가 중요한 걸 모르는 사람은 없지만 정작 고등학생 때는 많은 책을 읽을 시간이 없습니다. 게다가 국어 수업 시간에 수많은 작품을 다룹니다. 그럼 언제 독서를 해야 할까요?

바로 중학생 때입니다. 중학생 때부터 전략적으로 독서하며 독해력을 키워야 합니다. 국어 교육과정을 잘 이해하고 플랜에 맞춰 독서를 병행하면 국어 과목에서 엄청난 시너지를 얻을 것이라고 확신합니다.

이 책은,

첫째, 변화하는 입시에도 흔들림 없이 국어 1등급을 받는
최상위 공부법
둘째, 교육과정을 고려한 전략적 독서법
셋째, 대입까지 생각한 똑똑한 6년 독서 로드맵

을 제시할 것입니다. 이 책을 통해 흔들림 없는 국어 실력의 기초를
다지는 기회가 되시길 바랍니다.

# CONTENTS

## 2장 중등/고등 국어
## 무엇이 다른가?

# 3장 최상위권으로 도약하기 위한 국어 공부법

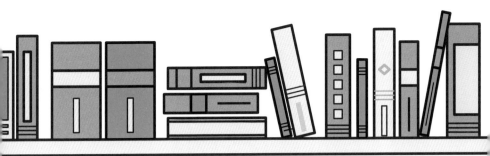

# 4장   수능 국어 1등급을 만드는
# 전략적 독서 로드맵

국어는 공부를 해도 성적이 안 나오고, 공부를 안 해도 성적이 안 떨어진다

독서를 많이 하면 국어 성적이 좋아진다

국어는 조금만 노력하면 금방 점수를 올릴 수 있다

국어는 암기 과목이 아니다

국어는 선행이 필요한 과목이 아니다

다양한 문제를 많이 푸는 것이 중요하다

# 국어 공부에

# 대한
# 오해와 진실

Reading strategies

for getting into college

# 국어는 공부를 해도
# 성적이 안 나오고,
# 공부를 안 해도
# 성적이 안 떨어진다

많은 학생이 시간을 따로 내어서 국어를 공부하지 않습니다. 게다가 국어는 평소에 늘 사용하기 때문에 자신이 국어를 잘 알고, 잘한다고 생각합니다. 그래서일까요? 대부분이 국어 공부의 중요성을 간과합니다. 부모님도 마찬가지입니다. 수학과 영어 공부에 관심을 가지고 더 많은 시간을 투자합니다. 주변을 둘러봐도 간혹 국어 학원에 다니는 경우가 있긴 해도, 초등학생부터 고등학생까지 가장 많은 학생이 다니는 학원은 수학 학원과 영어 학원입니다. 수학이나 영어를 공부하기 위한 로드맵이 국어 공부 로드맵보다 더 잘 짜여 있습니다.

최근 국어 과목의 중요성이 대두되면서 좀 나아졌지만 여전히 국어를 공부해야 한다고 하면 생소하게 여기거나 막막하게 생각하는 경우가 많습니다. 국어 공부는 독서만 잘하면 되지 않느냐고 질문하는 경우도 있습니다. 국어 교과서를 살펴보면 어려운 용어가 거의 없고 충분히 읽을 수 있어서 다른 과목 교과서보다 어렵게 느껴지지 않습니다. 오히려 쉬운 편입니다.

시험을 봐도 마찬가지입니다. 뒤에서 다시 이야기하겠지만 중학교 성적은 절대평가이기 때문에 저는 비교적 시험 문제를 쉽게 출제하는 편입니다. 첫 시험부터 아이들에게 '시험은 어려운 것'이라는 생각을 가지게 해서 좌절하게 만들고 싶지는 않거든요. 그보다 '시험 공부도 할 만한 것'이라는 자신감을 통해 공부를 열심히 해야겠다는 의지를 북돋으려 합니다.

아이들은 시험이 끝나면 저의 의도와 다르게 시험 문제가 쉬웠다며 사랑의 하트를 날린 후, "국어는 역시 쉬운 것!"이라며 공부하지 않습니다. 그렇다고 어렵게 출제하면 믿었던 국어 과목마저 발등을 찍는다며 많은 아이가 좌절하기에 어렵게 출제할 수도 없습니다. 어렵게 출제한 몇 문제가 있다고 해도 다른 과목에 비해 평균 점수가 높게 나오는 편이라 자신의 점수에 만족하는 경우가 대부분이고요.

고등학교에서 근무할 때도 마찬가지입니다. 많은 아이가 "선생님, 저 국어 되게 잘해요. 제 국어 성적 기대하세요."라고 큰소리칩니다. 시험이 끝난 뒤 "선생님, 저 국어 시험 잘 봤어요. 이 정도면 꽤 괜찮죠?" 하고 시험지를 보여 줍니다. 그러나 **교사의 예리한**

눈으로 시험지를 분석하면 진짜 실력을 확인하기 위한 문제들은 틀린 경우가 많습니다. 특히 매력적인 오답이 있으면 그 매력에 풍덩 빠져서 엉뚱한 답을 써 놓는 경우도 종종 있습니다. "너 이거 틀렸네? 이거 답이 뭔지 알겠어? 그리고 네가 왜 틀렸는지 분석할 수 있겠어?" 하고 물으면 "아, 선생님, 그건 틀렸지만 다른 건 맞았잖아요. 틀린 건 나중에 공부할게요."라며 자기 학습 상태를 꼼꼼히 체크하지 않습니다.

학년이 올라갈수록 이런 문제들은 많아지는데, 대부분 현재 자신의 성적에 만족하고 국어 공부를 하지 않지요. 그러면서 자신은 국어 공부를 안 해도 성적이 떨어지지 않는다고 생각합니다.

반대로, 열심히 공부해도 국어 성적이 잘 나오지 않는 경우도 있습니다. 은정이는 국어 시간에 손을 들고 질문을 많이 하는 아이입니다. 그런데 어려운 내용을 질문하는 것이 아니라 보통 누구나 알 법한 단순한 단어를 자주 질문합니다. 은정이는 중학생 수준의 어휘력이 부족한 편이라 국어 교과서 한 페이지에 대략 10개 이상의 단어 뜻을 질문합니다. 은정이가 질문할 때마다 함께 듣던 아이들도 은정이의 질문 폭탄으로 수업 흐름이 끊길 정도가 되면서 짜증을 내기 시작했습니다. 2학기 2차 고사 준비 기간이었습니다. 은정이는 자신만만한 얼굴로 "선생님, 저 이번에 국어 공부 엄청 열심히 했어요. 저 처음으로 국어 시험 범위까지 정리하고 그 내용을 다 외웠어요."라며 정리한 노트를 제게 보여 줬습니다. 노트 한 권에 빽빽하게 필기된 내용을 보니 꽤 열심히 공부한 것 같이 보였습니다.

노트 필기를 하기 위해 교과서도 여러 번 들춰 보고 자기 나름으로 이해한 모습을 보니 기특한 마음이 들어 저는 은정이가 시험을 잘 보기를 바란다며 응원해 주었습니다. 하지만 시험 결과를 본 은정이는 울상이 되었습니다. 공부를 열심히 했는데도 시험을 못 본 것입니다. 은정이뿐 아닙니다. 해마다 국어 공부를 열심히 했다고 자랑하는 학생은 많은데, 시험이 끝나고 그 아이들의 표정은 늘 시무룩했습니다.

이쯤에서 합리적인 의심이 듭니다. 국어 공부는 왜 열심히 해도 성적이 잘 나오지 않고, 열심히 안 해도 성적이 잘 나오는 걸까요? 정답은 글의 행간에서 충분히 찾을 수 있을 겁니다.

아이들이 국어 선생님에게 제일 많이 하는 이야기가 "국어는 공부해도 성적이 안 나오고, 안 해도 성적이 안 떨어져요!"입니다. 국어 공부를 안 해도 당장 국어 성적이 떨어지지 않지요. 단언컨대 학년이 올라갈수록 국어 성적은 서서히 떨어집니다. 국어 성적의 하락 문제는 단순히 국어 문제집을 많이 풀거나 국어 학원에 다닌다고 해서 해결되지 않습니다.

# 독서를
# 많이 하면
# 국어 성적이
# 좋아진다

국어 공부를 잘하려면 독서를 많이 하면 될까요? 그것도 좋습니다. 독서를 많이 하면 국어 공부의 바탕을 만들 수 있습니다. 그러나 독서를 많이 한 아이가 국어 공부를 잘하는 것은 결코 아닙니다.

국어 공부를 잘하기 위한 첫 번째 방법이 독서입니다. 그다음으로 독서를 통한 문해력을 바탕으로 국어 교과 공부를 해야 합니다. 국어 교과의 영역은 듣기·말하기, 읽기, 쓰기, 문법, 문학, 매체로 나뉩니다. 국어 공부를 잘하려면 국어의 영역에 맞게 각각 전략적으로 공부해야 합니다. 독서는 국어 여러 영역 중 읽기 영역에 해당합니다. 온몸의 근육을 골고루 발달시켜야 하는데, 한 부분의 근육만 발달시킨다고 잘할 수는 없겠지요. 결국 독서도 중요하지만 다른 영역도 중요합니다.

국어의 모든 영역이 골고루 반영된 것이 바로 국어 교과서입니다. 그뿐인가요? 교과서는 아이의 연령별 발달 수준에 맞추어져 있지요. 그러니 아이가 국어 공부를 잘하기를 바란다면, 국어 공부를 어떻게 해야 할지 궁금하다면 가장 기본으로 봐야 할 것이 바로 국어 교과서입니다.

이렇게 이야기해도 독서와 국어 공부가 어떻게 다르다는 건지 쉽게 이해되지 않을 겁니다.

교과서를 만들고 학교 수업을 할 때 뼈대가 되는 것이 교육과정입니다. 국어 공부를 잘하기 위해 국어 교육과정을 잘 살펴보면 도움이 되겠지요. 그런데 국어 교육과정을 아무리 찾아도 독서라는 말은 보이지 않습니다. 고등학교에 가면 '독서'라는 심화 과목이 있지만 고등학교 교과에서 다루는 독서는 우리가 흔히 이야기하는 독서와는 다릅니다. 고등 국어의 독서는 독서와 관련한 이론적인 부분을 다룹니다. 수능 모의고사를 준비할 때마다 많이 들었던 '비문학 지문'도 고등학교 독서 과목에서 가르칩니다. 아무리 살펴봐도 우리가 흔히 이야기하는 '책 읽기 행위'를 하는 독서와는 거리가 있습니다.

결국 국어와 독서는 엄연히 다른 영역이라는 거죠. 그런데 왜 사람들은 국어라고 하면 독서를 같이 떠올리고, 독서가 국어 교과 과정에 해당한다고 생각할까요? 국어 선생님들은 왜 국어 공부를 잘하려면 꾸준히 독서를 해야 한다고 입이 닳도록 이야기하는 걸까요?

국어라는 개념을 먼저 정리해야 할 필요가 있습니다. 국어사전에서 '국어'의 뜻을 찾아보았습니다. 네이버 국어사전을 찾아보았더니 다음과 같이 나왔습니다.

국어사전 앞에 있는 숫자는 각각 뜻이 다름을 의미합니다. 고려대 한국어대사전에서 이 단어에 세 가지의 뜻이 있다는 것을 이야기합니다. 즉 '국어'라는 말에는 여러 뜻이 혼재해 있다는 거죠. 우리가 흔히 말하는 국어는 1이나 2의 뜻으로 사용하는 '(한)국어'이고, 우리가 궁금해하는 것은 3의 뜻으로 사용하는 '국어' 교과입니다. 국어 교과는 듣기·말하기, 읽기, 쓰기, 문법, 문학, 매체의 하위 영역으로 구성되어 있습니다. 그런데 그것을 엄밀하게 구분하며 사용한 적은 거의 없을 겁니다. 대부분 두 용어를 구분하지 않고 혼용해서 사용합니다.

국어 성적을 잘 받으려면 국어의 각 영역에 맞는 공부를 해야 합니다. 그런데 이 국어의 영역을 이루고 있는 것은 (한)국어입니다. 이 (한)국어 능력을 키우기 위해서 (한)국어를 꾸준히 갈고 닦아야 합니다. (한)국어를 꾸준히 갈고 닦는 방법이 바로 독서입니다. 그러니 독서와 국어는 서로 다른 영역이지만 한편으로는 서로 떼려야 뗄 수 없는 관계이기도 합니다.

앞서 국어는 공부해도 성적이 안 나오고, 공부를 안 해도 성적이 안 떨어진다고 했습니다. 그 이유는 우리가 이미 생활 속에서 (한)국어를 꾸준히 사용하기 때문입니다. 아이들이 영어를 잘 듣게 하기 위해서는 흘려듣기를 많이 시켜야 한다는 말을 한 번쯤 들었을 겁니다. 마찬가지로 우리는 다양한 방법으로 국어를 흘려듣기 하고 있었던 거죠. 그렇지만 그것만으로 충분하지 않습니다. 너도나도 국어 원어민인 상황에서는 국어 실력을 더 뾰족하게 다듬는 것이 관건입니다. 국어 실력을 날카롭게 벼리는 방법이 바로 국어의 각 영역에 맞는 공부를 하는 것입니다.

어렸을 때부터 책을 많이 읽은 아이들은 귀로, 눈으로 국어를 익혔습니다. 아무래도 귀로만 국어를 익힌 아이들보다 더 수월하게 내용을 받아들이겠지요. 책을 읽으며 자연스럽게 글밥이 늘어나 긴 글도 자연스럽게 읽습니다. 그러나 독서를 하지 않은 아이들은 수업을 듣거나 시험을 칠 때 긴 글을 읽기 힘들어합니다. 책을 읽지 않은 아이가 독해력을 키우려면 꾸준히 책을 읽는 아이보다 몇 배의 노력을 해야 합니다. 간혹 책을 많이 읽지 않아도 집중력이 좋아 국어 공부를 잘하는 아이들도 있습니다. 하지만 그런 아이들은 전교에 한두 명 정도에 불과합니다. 대부분의 아이들은 꾸준한 읽기의 힘으로 공부합니다.

고등학교에 근무할 때 많은 학생이 공통적으로 이야기한 것이 있습니다. 책을 많이 읽은 학생의 경우 생각보다 국어 성적이 잘 나오고, 책을 별로 읽지 않은 학생의 경우 아무리 공부해도 국어 성적이 잘 나오지 않는다는 것이었습니다.

국어 시험을 볼 때 헷갈리는 문제가 많이 있습니다. 원래 그렇습니다. 학창 시절을 떠올려 보세요. 선다형 문제를 풀 때 항상 두 개 중에서 어느 것이 답인지 헷갈리지 않았나요? 그것이 당연합니다. 선생님들은 대체로 선다형 문제에서 다섯 개 중 세 개는 완전히 엉뚱한 답을 냅니다. 하나는 수업을 들은 아이들이 포인트를 찾을 수 있도록 매력적인 오답을 만듭니다. 그래서 늘 두 개의 문제 중에서 어느 것이 답인지 헷갈렸던 겁니다. 신기한 것은 책을 많이 읽은 학생들은 이때 자기 느낌대로 답을 찍었는데 성공 확률이 높다는 것이었습니다. 물론 제가 "너 이거 왜 답인지 설명해 봐."라고 하면 대답하지는 못합니다. 그저 먹어 보니 홍시 맛이 나는 것 같았을 뿐이거든요. 자신 있게 대답하지 못한다는 건 아직 실력이 탄탄하지 않다는 반증입니다.

다시 한번 정리하겠습니다. 독서를 많이 하는 아이는 국어 공부를 열심히 하지 않아도 일정 수준까지 올라갈 수 있습니다. 하지만 1등급의 최상위권으로 올라가기 위해서는 반드시 꼼꼼한 국어 공부가 필요합니다.

# 국어는 조금만
# 노력하면
# 금방 점수를
# 올릴 수 있다

우리는 늘 국어로 대화하고, 국어로 글을 쓰고, 국어로 글을 읽습니다. 이미 우리는 국어 공부를 잘할 수 있는 바탕이 충분히 마련되어 있는 거죠. 여기에 약간의 노력만 더하면 국어를 충분히 잘할 수 있습니다. 제2외국어인 영어나, 앞 단계를 제대로 이해하지 못하면 다음 단계로 나아갈 수 없는 수학보다 국어가 점수를 올리기는 훨씬 수월합니다. 우스갯소리로 그래도 국어는 읽을 수는 있지 않냐고 하면 아이들 역시 고개를 끄덕입니다.

그렇습니다. 다른 과목과 달리 국어는 이미 학습에 대한 바탕이 마련되어 있습니다. 제일 어렵다는 문법 수업을 할 때도, 아이들이 사용하는 말 속에 문법 요소가 녹아 있다고 하며 예를 들면 신기해합니다. 조금만 노력하면 충분히 국어 공부를 잘할 수 있다는 뜻이 겠지요.

늘 국어를 접하는 것이 오히려 국어 공부를 등한시하는 요인이 되기도 합니다. 누구나 국어로 말하고 읽고 쓸 수 있으니 따로 공부하지 않아도 된다고 생각하는 거지요.

그러나 결코 그렇지 않습니다. 물은 100℃가 되어야 끓습니다. 아무리 뜨겁다고 하더라도 99℃까지는 물이 끓지 않지요. 1℃가 더 필요합니다. 99℃일 때 불을 꺼 버리면 물은 끓지 않습니다. 이 1℃의 차이로 물이 끓을 수도 있고 끓지 않을 수도 있는 겁니다.

국어 공부도 마찬가지입니다. 우리가 생활에서 접하는 국어는 국어 공부를 잘하기 위한 바탕이 됩니다. 그러나 그것만으로는 국어 공부를 잘할 수 없습니다. 물이 끓기 위해 1℃가 더 필요하듯 국어 공부를 잘하려면 노력이 필요합니다.

우리가 일상에서 사용하는 국어와 달리 국어 수업 시간의 국어는 좀 더 정제되어 있습니다. 이런 정제된 국어를 익히고 내면화하기 위해서는 첫째, 독서가 필요합니다. 국어를 잘하기 위해서는 언어를 이해하고 표현하는 능력이 중요한데, 이를 향상시키기 위한 가장 좋은 방법이 독서입니다.

책은 작가가 고심해서 쓴 글입니다. 우리가 평소에 사용하는 언어가 원석이라면 책에 있는 언어는 정밀하게 세공한 다이아몬드입니다. 원석을 많이 보는 것도 좋지만 정밀하게 세공된 다이아몬드를 많이 보는 것이 국어에 대한 감각을 키우는 데 도움이 됩니다.

중학생 이상의 아이라면 자신이 좋아하는 책만 읽어서는 안 된다는 점을 명심해야 합니다.

첫째, 다양한 종류의 책을 읽으면서 배경지식을 넓히고 지식과 통찰력을 확장해야 합니다. 또 여러 작가의 다양한 글을 읽으면서 어휘력과 문장구조를 향상시켜야 합니다.

둘째, 꾸준하게 글을 써야 합니다. 다양한 주제의 글을 꾸준히 쓰면 국어 능력이 향상됩니다. 글을 쓰면 어떤 내용을 어떻게 쓸 것인지 고심하면서 구성하는 과정을 거치기 때문입니다. 꾸준히 글을 쓰면 다른 글을 읽을 때도 글을 쓴 사람의 의도가 무엇인지, 어떻게 글을 구성했는지 등을 유심히 살피게 됩니다.

제일 손쉽게 접근할 수 있는 글쓰기는 일기 쓰기입니다. 일기는 형식이 정해져 있지 않아서 자유롭게 글을 쓸 수 있습니다. 일주일에 2~3편 정도의 일기를 꾸준히 쓰면 쓰기 실력이 눈에 띄게 향상될 것입니다.

이렇게 국어에 대한 바탕이 섬세하게 마련되었다면 셋째, 국어 교과서를 공부합니다. 국어 교과서를 살펴보면 듣기·말하기, 읽기, 쓰기, 문법, 문학, 매체 등의 국어 영역이 골고루 섞여서 단원이 구성되어 있습니다. 각각의 영역 특성에 맞게 국어 공부를 해야 합니다. 각 단원에서 제시하고 있는 학습 목표를 보고, 그 단원에서 무엇을 공부해야 할지 찾은 뒤 그것을 중심으로 교과서를 공부합니다.

교과서 내용을 공부하는 것만으로는 부족합니다. 수업 시간에 선생님이 가르쳐 주시는 학습 요소들을 잘 들어야 합니다. 교육과정이 바뀌면서 교과서가 점차 얇아지고 있습니다. 하지만 반드시 학습해야 할 내용은 크게 달라지지 않았습니다. 그 결과, 교과서 사이사이 공부해야 하지만 교과서에는 부족한 빈 여백이 생겼습니다. 이 교과서의 여백은 선생님이 수업 시간에 채워서 완성해 주십니다. 그러니 공부를 제대로 하기 위해서는 수업 시간에 수업을 잘 들어야 합니다.

다른 과목과 달리 국어는 도구 교과라 이론적인 내용보다 직접 활동하면서 체득하는 부분이 많습니다. 다른 과목들은 이론적인 내용이 많아서 선생님이 수업 시간에 개념과 이론들을 설명하고 아이들은 그 내용을 이해하고 암기하면 됩니다. 적용은 그다음 단계이지요.

그에 반해 국어는 이론적인 내용이나 개념이 많지 않습니다. 그보다는 도제식으로 선생님이 생각하는 과정, 탐구하는 과정, 이해하는 과정 등을 하나하나 설명하면 아이들은 그 과정을 말로 들으면서 스스로 깨쳐야 합니다. 꾸준히 독서를 하고 글을 써 온 아이들은 이 과정을 자연스럽게 이해하고 국어 공부를 하지만 그렇지 않은 아이들은 이 과정에서 삐걱댑니다.

많은 시간을 투자할 필요 없습니다. 매일 30분 정도면 충분합니다. 대신 가랑비 젖듯이 꾸준히 해야 합니다. 매일 이렇게 국어 공부를 하면 지금 당장은 티가 나지 않지만 점점 누적되어 중학생 이후가 되면 확연히 드러납니다. 이렇게 공부한 아이들은 국어 공부를 어려워하지 않습니다. 시험 기간에 조금만 공부해도 충분히 좋은 점수를 받을 수 있기 때문입니다. 그러나 꾸준함이 없다면 그 몇 배의 노력을 쏟아부어도 국어 성적을 올리기 쉽지 않습니다.

독서, 글쓰기, 교과서 공부하기. 이것이 국어 공부의 물을 끓이는 1℃의 비밀입니다.

# 국어는
# 암기 과목이
# 아니다

국어는 이해 과목일까요, 암기 과목일까요?

많은 사람이 국어를 이해 과목이라고 생각합니다. 하지만 그렇지 않습니다. 국어도 엄연한 암기 과목입니다.

국어 교과 문제 수준은 단순히 이해하면 풀 수 있는 국어 상식을 묻는 문제가 아닙니다. 그보다 훨씬 고차원적입니다. 수업한 내용을 바탕으로 학생들이 수업 시간에 얼마나 공부를 열심히 했는지 확인하는 문제가 대부분입니다. 국어 시험 결과로 성적도 나오고 등수도 나와야 합니다. 그래서 학교는 등수를 분별할 수 있는 문제를 시험에 내야 합니다. 등수를 내려면 쉬운 문제만을 낼 수는 없습니다. 수업 시간에 배운 내용을 응용한 문제를 일부 출제합니다.

수업 시간에 배운 내용을 제대로 외우지 않았다면 응용문제는 손도 못 대겠지요.

국어 수업 시간에 다루는 지식 역시 외워야만 국어 성적을 잘 받을 수 있습니다. 특히 문법 단원의 경우에는 문법의 규칙을 외우지 않으면 답을 쓸 수 없습니다.

국어 교과의 다른 영역은 학년이 올라가더라도 반복되어서 다시 나옵니다. 문법 단원은 그렇지 않습니다. 제 학년에서 배워야 할 문법 내용은 그 학년에서 반드시 암기해서 익혀야 합니다. 문법 단원은 수학 공식과 같습니다. 앞 학년의 문법 공부가 제대로 되어 있지 않으면 다음 학년의 문법 공부를 이해할 수 없습니다. 국어 교과에서 유일하게 단계가 있는 영역이 문법 단원입니다.

국어의 문장 성분에 대해서 배우기 위해서는 1학년 때 배운 품사를 알고 있어야 합니다. 품사를 모르면 문장 성분을 이해하기 어렵습니다. 그러므로 반드시 제 학년의 내용을 외운 뒤에 다음 학년의 수업을 들어야 합니다.

문법 영역만 암기가 필요할까요? 다른 영역도 마찬가지입니다.

얼마 전에 수업한 '설명하는 글쓰기' 단원을 살펴보겠습니다.

수업 시간에 설명하는 글에 대해 공부했습니다. 설명하는 글을 읽으면서 글의 내용을 분석하고, 글 속에서 사용된 설명 방법을 공부했습니다. 설명하는 글의 신뢰도를 높이려면 어떻게 해야 하는지, 설명하는 글의 구조는 어떻게 써야 하는지 등을 설명했지요. 교과서에는 여러 가지 설명 방법 중 여섯 가지가 제시되어 있습

니다. 여섯 가지 설명 방법을 하나하나 설명하고 예를 들며 이해시
켰습니다. 몇몇 아이에게 질문하니 꽤 잘 이해한 것 같았습니다. 이
렇게 대략 3시간에 걸쳐서 설명하는 글에 대해 수업했습니다.

설명하는 글쓰기의 개념만 이해해서는 제대로 익혔는지 확인할
수 없기에 '설명하는 글쓰기' 수행평가를 합니다. 글쓰기 과정을 그
대로 활동하고, 마지막으로 설명하는 글을 쓰는데, 이때 수업 시간
에 배웠던 여섯 가지 설명 방법 중 두 가지 이상을 사용해서 직접
글을 쓰도록 했습니다. 1차로 설명 방법을 암기하고, 2차로 그것을
실제에 적용할 수 있어야 제대로 된 글을 쓸 수 있습니다.

설명 방법의 개념을 공부하지 않았다면 설명하는 글을 읽으면서
그 글에서 무슨 방법으로 설명하고 있는지 알 수 없었을 겁니다. 글
쓰기를 할 때도 여섯 가지 설명 방법의 개념을 제대로 암기하고 이
해해야 그것을 글로 표현할 수 있습니다. 암기가 없으면 학습 목표
에 도달하지 못하고, 수업도 제대로 할 수 없다는 뜻이지요.

국어는 절대 이해 과목이 아닙니다. 국어 성적을 높이고 싶다면 국
어 교과서를 꼼꼼하게 읽어야 합니다. 그다음으로 교과서 속의 개념과
의미를 암기해야 합니다. 암기를 다 했다면 학습활동을 공부하면서 필
요한 부분을 확인해야 합니다.

암기가 바탕이 되어야 국어 공부가 쉬워집니다. 암기가 국어 공
부의 속도를 높여 줍니다. 고등학생이 되어서도 마찬가지입니다.
수업은 일상적인 어휘로 이루어지지 않습니다. 각 과목 선생님들이
주로 사용하는 어휘를 살펴보면 과목마다 사용하는 어휘들이 다른

것을 알 수 있습니다. 수업 시간도 마찬가지입니다.

국어 선생님은 수업 시간에 국어 교과의 개념 어휘를 사용하며 수업합니다. 국어 선생님에게는 일상어와 마찬가지이기 때문에 그 어휘의 개념을 설명해야 할 때가 아니고는 수업 시간에 사용하는 어휘의 뜻을 하나하나 설명하지 않습니다. 그 국어 개념 어휘들을 다 암기하고 있지 않다면 수업의 내용을 이해하지 못합니다.

선생님 역시 매번 가르쳐야 할 양이 많은데 그때마다 이전 학년에서 가르쳤던 국어 어휘나 개념을 다시 설명할 수 없습니다. 이미 배웠던 어휘나 개념은 다 암기하고 있을 거라 가정하고 수업합니다. 그러니 수업을 들으면서 이해했다고 그냥 넘어가면 다음 학년에서 낭패를 볼 수밖에 없습니다.

국어 과목의 암기 부분은 중학교 때까지 철저히 다져 놓아야 합니다. 고등학교 국어 시험은 암기만으로는 대비하기 힘듭니다. 고등학교 시험에서는 이미 암기한 내용이 〈보기〉의 조건으로 나옵니다. 〈보기〉나 선지에 맞춰서 작품을 해석하고 그 관계를 찾아내는 문제가 대부분입니다. 이렇게 이야기하면 아이들이 그러면 고등학교 국어는 암기하지 않아도 되냐고 묻습니다.

그렇지 않습니다. 이 역시 기본적으로 작품이나 개념이 암기되어 있지 않으면 풀 수 없기 때문입니다. 또 시험은 시간 제한이 있는데 (중학교 시험 45분, 고등학교 시험 50분, 수능 국어 영역 80분) 전혀 모르는 내용을 적용하는 것보다 아는 내용을 적용하는 것이 속도가 더 빠릅니다. 고등학교 국어도 암기가 필수이지요.

암기가 쉬워지려면 그 내용을 이해할 수 있어야 합니다. 아무래도 배경지식이 있으면 이해가 잘되어서 암기하기가 더욱 쉬워지겠지요. 배경지식을 쌓으려면 직접 또는 간접경험이 필요합니다. 간접경험 중 가장 좋은 방법은 독서입니다. 독서는 시공간의 제약이 없고, 독서를 통해서 집중력도 키울 수 있습니다.

독서로 배경지식을 키우고 이 이해력을 바탕으로 국어의 개념들을 암기한다면 국어 성적을 잘 받을 수 있습니다.

# 국어는
# 선행이 필요한
# 과목이
# 아니다

"수학을 선행해야 한다.", "영어는 중학교 때 고등학교 과정을 끝내야 한다."라는 말을 많이 듣는데, 국어를 선행하라는 이야기는 들은 적이 없는 것 같습니다. 그러면 국어는 선행이 필요한 과목이 아닌 걸까요?

국어의 특징 중 하나가 특별한 선행 지식이나 스킬을 요구하지는 않는다는 데 있습니다. 어렵다는 비문학을 공부할 때도 마찬가지입니다. 우리는 일상에서 국어를 사용해서 누구나 어느 정도의 기본적인 국어 능력을 갖고 있습니다. 그래서 암기도 필요 없고, 선행도 필요 없다고 생각합니다. 물론 국어 과목이 눈에 띄게 선행을 할 수 있는 과목은 아닙니다.

국어 성적을 향상시키려면 오히려 다른 과목보다 더 많은 시간과 노력이 필요합니다. 국어 수업이 어떻게 이루어지는지 살펴보겠습니다.

설명하는 글을 수업할 때를 살펴보겠습니다. 본문을 읽고 난 뒤, 아이들에게 설명하는 글이니 '처음-중간-끝'으로 나누어진다고 이야기하고, 세 부분으로 글을 나누었습니다. 그런 뒤 각각 문단에서 접속사나 지시어가 나올 때마다 어떤 표시를 해야 하는지, 설명의 근거마다 번호를 어떻게 달아야 하는지 지도했습니다. 독해 기호를 사용해야 지문을 이해하기 쉽다는 것까지 설명했습니다. 마지막으로 각 문단에서 밑줄 그은 중심 문장들을 모으고, 그것들을 바탕으로 주제가 무엇인지 도출하는 과정까지 마쳤습니다.

제가 가르친 이 내용은 설명하는 글을 읽을 때만 사용되는 방법이 아닙니다. 이후에 다루어질 수많은 설명하는 글을 읽을 때도 수업 시간에 배웠던 독해 방법을 사용해야 합니다. 국어 수업의 목표도 마찬가지고요.

그런데 아이들은 이 방법을 익히기보다 단순하게 선생님이 가르치는 내용을 암기만 합니다. 그러니 다른 글이 나오면 분석하지 못하지요. **아이들이 공부해야 할 것은 단순한 암기가 아니라 스스로 분석하고 이해하는 능력입니다.** 국어 수업 시간의 목표가 그것이지요.

이 과정이 눈에 뚜렷하게 보이지 않다 보니 과연 국어 공부를 제대로 하는 것이 맞는지 많은 부모님이 불안해합니다. 그 불안함을 잠재우려고 국어 학원에 보내기도 하고요. 또 뭘 배웠는지 짐작이 되지 않다 보니 선행을 해도 소용이 없을 것 같은 생각이 듭니다.

네, 맞습니다.

국어 과목은 특별히 선행을 한다고 해서 성적을 올릴 수 있는 과목은 아닙니다. 그보다 현행을 단단하게 다져야 하는 과목입니다.

'설명하는 글'을 수업할 때를 살펴보세요. 이 분석 방법은 고등학생이 되어서도 크게 변하지 않습니다. 제가 설명한 분석 방법은 비문학 독해의 분석 방법과 거의 같습니다. 달라지는 건 다루는 작품의 수준입니다. 학년이 올라갈수록 다루는 작품의 수준이 높아집니다. 제 학년에서 설명하는 글을 분석하는 방법을 탄탄하게 익혔다면 높아지는 작품의 수준에 맞추어서 분석하면 됩니다. 선행으로 해결할 수 있는 것은 아닙니다. 높아지는 글의 수준에 따라 읽고 이해하는 능력인 문해력이 우선되어야 합니다.

문해력을 키우기 위해 가장 좋은 방법은 꾸준한 독서입니다. 독서는 언어의 다양한 표현과 문장구조를 체험할 수 있는 효과적인 방법입니다. 특히 다양한 장르와 주제의 책을 접하면 어휘력이 향상되고 문학적 감각을 기를 수 있습니다.

처음에는 독서 수준이 또래와 차이가 없을지 모르지만 그것이 누적되면 어느 순간 또래 수준을 넘어설 것입니다.

중학교 때까지 독서를 꾸준히 하면서 문해력을 키우고, 학교에서 수업을 들으면서 이 문해력을 좀 더 섬세하게 가다듬는 정도면 충분합니다.

예비 고등학생이 되면 국어도 선행을 해야 합니다. 지금까지는 훌륭한 밭을 만들기 위해서 터를 다지는 작업이었지만 고등학생이 되면 그 밭에 작물을 심고 쑥쑥 키워 내야 합니다.

우선 국어 과목에서 가장 선행이 필요한 영역은 국어 문법입니다. 중학교 3년간 배웠던 문법을 탄탄하게 다진 후 고등학교 문법을 선행해 두어야 합니다. 문법 공부는 개념을 익히는 것이기 때문에 공부하기에는 그리 어렵지 않습니다. 다만 실제 문제에 적용하는 것이 어렵지요. 그러므로 미리 문법을 선행하고 이를 적용하는 훈련이 필요합니다.

다음으로 선행이 필요한 영역은 고전 문학입니다. 고전 문학은 고전 시가와 고전 산문으로 나눌 수 있는데, 고전 시가를 선행해 놓기를 추천합니다. 고전 시가가 〈보기〉나 답에 제시되는 경우가 많기 때문입니다. 고전 산문은 미리 작품을 읽어 두면 공부할 때 훨씬 도움이 되겠지요. 그 외에도 예비 고등학생은 비문학 지문 분석하기, 문학 개념 공부하기 등의 선행 공부를 해야 합니다.

고등학생이 되면 국어 수업 시간에 수많은 작품과 개념어들이 쏟아질 겁니다. 그 폭탄을 고등학생이 되어서 해결하기에는 너무 늦습니다. 그러므로 중학교 3학년 겨울 방학 즈음에 미리 선행해야 합니다. 그 이전에는 굳이 국어를 미리 공부할 필요는 없습니다.

# 다양한 문제를
# 많이 푸는 것이
# 중요하다

교과서를 만드는 과정을 살펴본 적 있나요? 교과서는 교육과정 전문가들이 긴 시간 동안 수차례 의논하여 어휘 하나, 삽화 하나까지 교육과정을 반영해서 만듭니다. 그것으로 끝이 아닙니다. 전국의 현장에서 수업하는 교사들이 몇 차례 검토까지 합니다. 아마 그 어느 곳보다 교육과정을 가장 전문적으로 반영한 교재가 교과서일 겁니다.

현장에서 아이들을 살펴보면 스스로 교과서를 읽고 내용을 정리하며 공부하는 경우는 거의 없습니다. 대부분 참고서나 자습서를 보거나 학원에서 수업 내용을 정리한 프린트에 의존합니다. 어떤 아이는 자신은 학원에 다니지 않으면 절대 혼자서 공부를 할 수 없다며 자신이 부족한 과목을 발견하면 스스로 공부를 하려고 하지 않고, 그 과목을 가르쳐 주는 학원을 먼저 찾는 경우도 있었습니다.

다른 누군가가 정리한 것에 의존해서 공부하면 한결 수월하고 공부하는 과정이 깔끔해 보일 수는 있습니다. 하지만 절대 자기 주도적 학습 능력을 기를 수 없습니다. 길을 갈 때를 한번 생각해 보세요. 내비게이션이 길을 알려 주는 대로 가면 다음에 똑같은 곳을 갈 때 다시 내비게이션의 힘을 빌리지 않으면 그 길을 다시 찾기 힘듭니다. 공부도 똑같습니다. 다소 무모해 보이고 부족하더라도 스스로 읽고 생각하며 정리하는 과정을 거쳐야 합니다. 그 과정이 머릿속에서 공부의 길을 찾는 방법입니다.

이제 많은 학부모님이 교과서가 기본이라는 것은 압니다. 교과서의 중요성을 알고 교과서를 바탕으로 공부를 한 뒤 다음 단계를 고민하는 경우가 많습니다. 그런데 우리 아이들은 교과서가 기본이라고 생각하지 않는 것 같습니다.

수업 시간을 한번 살펴볼까요?

많은 아이가 손에 필기구를 들고 있지 않습니다. 그러다가 필기하라고 하면 이렇게 말합니다.

"잠깐만요, 몇 페이지라고요? 다시 말해 주세요."

아이들의 질문에 선생님은 똑같은 대답을 스무 번 넘게 반복합니다. 그렇게 말했는데도, 몇몇 아이들은 한 글자 한 글자 다시 불러 달라고 말합니다. 특히 국어 과목의 경우 '~생각해 보자. ~말해 보자.'와 같이 생각과 느낌을 쓰는 부분이지만 스스로 생각하는 아이는 많지 않습니다. 선생님에게 답을 불러 달라고 하며 선생님이 예시로 든 답을 그대로 씁니다. 몇 번이나 "이건 예시일 뿐이다. 너희의 생각을 말해야 한다."라고 해도 입을 꾹 다물고 말하지 않습니다.

그뿐인가요? 수업이 끝난 뒤 교과서를 다시 읽고 필기한 내용을 바탕으로 복습해야 그 시간의 내용을 제대로 공부했다고 할 수 있습니다. 그러나 대부분 수업이 끝나자마자 교과서를 덮어 버립니다. 시험 기간이 되면 수업 시간에 배운 내용이 기억나지 않으니 자습서나 문제집, 또는 학원에서 제공한 프린트물을 보면서 공부합니다. 어느 특정 학교나 학급의 이야기가 아닙니다. 중고등학생들의 수업 시간이나 공부 방법이 거의 비슷합니다.

이런 상황에서는 다양한 문제를 많이 풀어 봤자 소용이 없습니다. 그보다 먼저 교과서를 탄탄하게 공부해야 합니다.

제일 중요한 것은 교과서입니다. 학교 선생님들은 참고서나 자습서를 바탕으로 시험 문제를 내지 않습니다. 교과서를 기본으로 하여 수업을 구상하고 수업합니다. 그리고 교과서와 수업 시간에 다룬 내용을 바탕으로 시험 문제를 냅니다. 참고서나 자습서, 전년도 기출문제를 참고할 때는 지필평가 문제를 내고, 이번 지필고사에서 아예 중복되는 부분을 제외하기 위해서 확인할 때뿐입니다.

물론 문제를 많이 풀면서 스킬을 늘리는 과정은 중요합니다. 하지만 그보다 선행되어야 할 것이 있습니다. 아이가 교과서를 바탕으로 학교 수업을 들으면서 그 내용을 제대로 이해해야 합니다. 그것을 바탕으로 스스로 정리하면서 공부해야 합니다. 내가 공부한 내용이 제대로 되었는지 확인하는 용도로 참고서나 자습서, 인터넷 강의를 활용해야 합니다. 국어뿐 아니라 전 과목이 마찬가지입니다. 그렇게 공부한 다음에 문제를 풀면서 익숙해져야 합니다.

얼마 전 읽은 책에서 청소년들의 이야기가 나왔습니다. 아이들은 김연아나 손흥민 같은 유명한 선수들의 성공 이야기만 보고 조금 따라 하다가 이내 좌절하는 경우가 많다고요. 아이들은 그들이 그렇게 성공하기 위해서 얼마나 피땀 흘리며 연습하고 훈련했는지는 생각하지 못한 채 지금의 빛나는 순간만 보고 그 모습을 동경합니다. 유명한 선수들도 처음부터 그렇게 빛났던 건 아닙니다. 기본기를 탄탄하게 다진 뒤 다양한 기술들을 익혔을 겁니다.

공부도 마찬가지입니다. 다양한 문제를 많이 푸는 것도 중요하지만 끊임없는 훈련으로 공부의 기술을 날카롭게 다듬어야 합니다. 하지만 그보다 더 기본이 되는 것은 교과서를 탄탄하게 다지는 것입니다.

그러기 위해서 교과서를 먼저 공부해야 합니다. 교과서를 읽고 핵심 내용을 찾아서 직접 구조화해 봐야 합니다. 아무리 많이 읽고 공부했어도 스스로 교과서를 분석하지 못하면 성적이 나오지 않습니다.

# 중등/고등 국어

# 무엇이 다른가?

Reading strategies
for getting into college

# 초등 국어와
# 중등 국어의
# 차이

중등 국어는 초등 국어와는 다릅니다. 초등 때와 다르게 중학생이 되면 '점수'가 명시화되어서 성적표로 나옵니다. 다행히 중학교에 입학하면 자유학기제가 있어서 직접 성적을 산출하기보다 초등학교 때처럼 수업 중 활동을 교사가 관찰하고 그 관찰 내용을 성적표에 기록합니다. 중학교 1학년 중 1학기 또는 2학기에 한 번은 자유학기제를 운영하고 나머지 학기에는 지필평가와 수행평가를 통해 성적이 산출됩니다. 중학생이 되면 아무래도 성적에 신경을 쓸 수밖에 없습니다. 초등학생 때까지는 독서를 많이 했다고 하더라도 중학생부터는 독서보다 국어 공부가 중심이어야 합니다.

물론 독서도 중요합니다. 하지만 국어 공부를 하지 않고 독서만 한 다면 책은 좋아하는데 공부를 못하는 아이가 될 수 있습니다. 독서와 국어 공부 사이에서 줄타기를 잘해야 합니다. 중고등학생은 독서의 힘만으로는 국어 성적을 잘 받을 수 없습니다. 독서는 기본 바탕이고 이 바탕으로 국어 '공부'를 해야 합니다.

국어 '공부'를 한다는 것은 단순하게 국어 교과서를 읽는다는 의미가 아닙니다. 교과서의 지문을 독해하고 학습활동을 풀어야 합니다. 국어 개념이 나오면 그 개념을 외워야 합니다. 물론 학습하는 내용 자체가 초등학교 때와 많이 달라지지는 않습니다.

그러나 중학교 국어 교과서의 국어 개념들은 초등학교 때와 같은 친절한 개념어가 아니라 한자어를 바탕으로 한 어휘가 많습니다. 개념어의 뜻을 파악하지 못하면 국어 공부를 제대로 할 수 없습니다. 중학 국어에서 나오는 국어 개념이 고등 국어의 기본이 됩니다. 국어 개념이 나올 때마다 개념 노트를 만들어서 외우면 좋겠지요.

국어 개념 노트는 중학생 때뿐 아니라 고등학생이 되어서도 꾸준히 이어 나가는 것을 추천합니다. 개념 노트는 다른 사람이 아닌, 내가 직접 정리한 개념이기 때문에 나중에 찾더라도 기억이 더 잘 납니다. 개념 정리도 자신이 만들면 중고등학교를 연계해서 정리할 수 있습니다. 고등 국어 개념을 정리할 때 다시 보면서 복습도 가능하지요.

중학교 커리큘럼에 대해 좀 더 자세히 살펴볼까요? 중학교에 입학하면 처음 만나는 것이 자유학기제입니다. 자유학기제는 학교에 따라서 1학기 또는 2학기에 운영합니다. 자유학기제는 지역에 따라 시험을 보는 곳도 있지만 원칙적으로 평가가 없습니다. 수업 시간에 학생들이 수업에 참여하는 모습을 관찰해서 성취 기준에 따라 서술합니다.

자유학기제가 끝난 성적표에는 교과별 관찰 결과가 서술되어 있습니다. 석차나 성적이 나오지 않아 아쉬운 마음이 들 수 있지만 성적표를 통해 아이의 평소 수업 태도를 엿볼 수 있습니다.

자유학기제 수업은 학생들이 가만히 앉아서 듣는 수업이 아닙니다. '학생 참여형 수업을' 하기 때문에 학생은 수업에 활동적으로 참여해야 합니다.

이때 유의할 것이 한 가지 있습니다. 아는 것이 별로 없는 학생들은 적극적으로 수업에 참여하기 힘들다는 것입니다. 활동 중심 수업에서 적극적으로 참여하는 학생도 있고, 수업에 전혀 참여하지 못하는 학생도 있습니다. 활동 중심 수업 다큐멘터리를 보면 아는 것이 적은 아이들이 수업에 참여하지 못하고 엎드려 있는 모습이 많이 보입니다.

왜 그런 걸까요?

활동은 아웃풋입니다. 인풋이 없거나 빈약한 상태에서는 무엇을 꺼내려고 해도 제대로 할 수 없습니다. 직간접적인 경험으로 많은 것을 가득 채운 아이가 자기 내면의 것을 꺼내어 발표하는 활동 중심의 수업에서 적극적일 수밖에 없는 거죠.

자유학기제 수업은 대부분 모둠별, 활동 중심별로 공부합니다. 수업 시간 내용과 관련된 지식이 있어야 모둠 활동에 적극적으로 참여할 수 있습니다. 모둠 활동이므로 전체적인 수업의 틀은 있지만 세부 내용은 아이들끼리 구성합니다. 예습만으로는 수업이 어디로 튈지 예측할 수 없습니다. 여러 배경지식이 있는 아이가 훨씬 적극적이겠죠.

배경지식을 쌓는 제일 좋은 방법은 독서입니다. 다양한 체험도 좋지만, 다양한 영역의 독서를 해야 여러 배경지식이 생깁니다. 이 배경지식이 중학교 첫 단추인 자유학기제를 준비하는 방법입니다.

## 교육과정, 학교생활기록부

학교생활기록부를 본 적이 있나요?

학교생활기록부는 아이의 학교생활을 종합 기록한 자료입니다. 교과별로 수업 시간에 어땠는지, 성적은 어떤지, 교과 외의 활동으로 무엇을 했는지, 무슨 상을 언제 받았는지 등 학교생활과 관련된 모든 것이 기록되어 있습니다. 학교생활기록부의 기록으로 아이가 학교생활을 얼마나 성실하게 했는지 알 수 있습니다.

중학교는 고등학교의 준비 과정입니다. 초등학생 때는 즐겁게 학교생활을 하면 되지만, 중학생이 되면 학교생활을 통해 성실함을 익혀야 합니다. 중학생 때는 수업 시간에 성실하게 듣는 태도를 습관화해야 합니다. 중학생은 교과 내용만 잘 암기하면 시험에서 성적이 잘 나옵니다. 학교생활기록부의 교과별 세부 능력 특기사항은 교과 선생님들의 재량입니다. 쓸 수도 있고 쓰지 않을 수도 있습니다(절대 강요할 수 없습니다). 수업을 성실하게 듣는 아이와 성실하게 듣지 않는 아이 중에서 누구에게 교과 세특을 더 꼼꼼하게 신경을 써 줄지는 안 봐도 알 수 있습니다.

학교에서 하는 각종 대회나 활동들도 결과와 상관없이 참여하는 것이 좋습니다. 수상하지 못해도 좋습니다. 대회나 활동 참여 경험은 아이에게 크든 작든 좋은 경험이 됩니다.

수행평가나 지필평가를 치를 때도 성실하게 시험을 쳐야 합니다. 중학생 때의 수행평가나 지필평가를 칠 때는 그 결과에만 연연하면 절대 안 됩니다.

중학교의 이러한 충실한 학교생활은 고등학생의 준비 과정이라고 생각하세요. 중고등학교 선생님들은 서로 교류가 가능합니다. 중학교에서 근무할 수도, 고등학교에서 근무할 수도 있어 분위기가 크게 다르지 않습니다. 평가 방식이나 수업 방식 등도 비슷하겠지요. 다만 중학교는 절대평가이기 때문에 시험이 전반적으로 쉬운 편이고, 선생님들 역시 평가에서 비교적 너그럽습니다. 하지만 고등학교는 상대평가이기 때문에 시험을 어렵게 낼 수밖에 없고, 선생님들도 너그럽게 평가할 수 없습니다. 그러나 그 평가 기준이 크게 달라지지는 않습니다.

중학생 때의 평가 준비가 결국에는 고등학생 때의 평가와 연결되는 거지요. 수행평가나 지필평가 후에, 왜 내가 이 정도 점수를 받았는지 따질 것이 아니라 내가 무엇을 잘못 써서 점수가 깎였는지, 평가 기준을 어떻게 맞춰야 하는지 등을 생각해야 합니다. 중학생 때 성적을 잘 받는 것도 좋지만 그보다 수행평가 점수를 잘 받는 방법이나 지필평가를 칠 때 시간 관리나 답을 쓰는 요령을 연습해야 합니다.

중학생 때 독서도 필요합니다. 학교생활기록부의 비교과 영역이 축소되고 있어서 독서 부분이 중요하게 여겨지지 않을 수 있습니다. 그러나 중학교의 꾸준한 독서가 고등학교 국어 성적에 영향을 줍니다. 독서를 꾸준히 해야 고등학생이 되어서 갑자기 어려워진 교과서를 읽는 힘을 키울 수 있습니다.

## 중학교 내신 성적 산출 방법

초등학교에서는 지필평가로 성적을 산출하지 않습니다. 단원평가나 과정 평가를 통해 성취도를 확인하고 이 내용을 성취 수준에 따라 채점합니다. 자유학기제도 마찬가지입니다. 하지만 평가가 시작되면 지필평가 후 내신 성적을 산출합니다.

자유학기제 때는 시험이 없어 아이의 정확한 실력을 모르다가 첫 지필고사 성적에 아이도, 엄마도 충격을 받는 경우가 많습니다. 어떤 부모님은 상담을 오셨다가 성적을 보고 충격을 받아 상담 내내 펑펑 울고 가는 경우도 있습니다.

중학교에서 내신 성적을 산출하는 방법을 살펴볼까요? 성적을 산출할 때 과목별 성취도로 성적을 표기합니다. 전 과목을 합산해서 등수를 내거나 전 과목 평균은 나오지 않은 지 오래입니다.

평가는 크게 수업 중에 실시하는 수행평가와 지필고사 기간에 실시하는 지필고사 두 가지가 있습니다. 수행평가는 학기당 2회 이상 실시합니다. 최근에는 과제형을 지양하는 편이라 되도록 수업 시간에 수행평가를 운영합니다. 지필고사는 수행평가와의 비율이나 서술형 평가의 비율을 조절하여 세 가지 중 하나를 결정합니다. 첫째, 지필고사를 치르지 않을 것인지, 둘째, 한 학기에 1회를 실시할 것인지, 셋째, 한 학기에 2회를 실시할 것인지 결정합니다.

교과별로 수행평가와 지필고사를 어떻게 운영할 것인지, 비율을 어떻게 할 것인지, 수행평가 날짜는 어떻게 할 것인지 등은 다 다릅니다. 평가 계획서에 따라 수행평가와 지필평가를 실시하고 나면 영역별로 평가 계획에 세웠던 비율로 시험 점수를 반영하여 점수를 산출합니다.

예를 들어, 수행평가와 지필평가의 비율을 60:40, 수행평가 2회, 지필고사 2회라고 계획했다고 가정하겠습니다. 수행평가에서 각각 100점을 받고, 지필고사도 두 번 다 100점을 받았으면 수행평가

100점×2회×0.6=60점, 지필고사 20점×2회=40점으로 계산합니다. 수행평가의 경우 반영 비율이 10:50 또는 20:40처럼 각각의 비율이 다르게 반영될 수도 있습니다. 지필고사에서 두 번 다 100점을 받았다고 해서 그 학기의 성적이 100점이 나오지 않을 수도 있습니다. 수행평가 점수가 변수가 될 수 있기 때문입니다. 이렇게 학기별, 과목별로 반영 비율을 계산해서 총 100점을 만점으로 점수를 냅니다.

복잡한 계산식이 있지만 대략 100~90점은 A등급, 89~80점은 B등급, 79~70점은 C등급 등으로 하여 E등급까지 등급을 낸다고 보면 됩니다. 100점을 받아도 A등급이고, 90점을 받아도 A등급입니다. 이 점수 때문에 고등학교에 가서 아이들이 한 번 더 성적으로 좌절합니다. 자세한 것은 고등학교 평가 방법에서 말씀드리겠습니다.

중학교의 평가는 절대평가이기 때문에 등급별로 학생 수가 정해져 있지 않습니다. 지역에 따라 다르지만 대략 전교생의 30퍼센트 정도의 학생이 A등급을 받습니다. 선생님들도 시험 문제를 출제할 때 절대평가이기 때문에 너무 어려운 것을 출제하지 않습니다. 또 중학생이라는 발달 단계를 고려해서 교과서의 내용과 수업 시간 선생님의 수업을 충실히 들었다면 답을 쓸 수 있도록 출제합니다. 그러다 보니 적용 문제나 응용문제보다 암기 중심의 문제가 좀 더 많은 편입니다.

내신 성적은 학교 안에서의 성적입니다. 그 학교의 시험 문제가 쉬운 편이면 A를 받는 학생이 많을 것이고, 시험 문제가 어려운 편이면 C나 D를 받는 학생들이 많을 것입니다. 또 성적이 좋은 학생들이 많이 있는 학교에서는 시험 문제를 쉽게 내면 너무 많은 학생이 A에 몰리기 때문에 시험 문제를 어렵게 낼 것이고, 성적이 좋지 않은 학생들이 많이 있는 학교에서는 시험 문제를 어렵게 내면 A를 받는 아이가 하나도 나오지 않을 수 있으므로 문제를 쉽게 낼 것입니다. 같은 A등급을 받았다고 해도 학교의 학업 분위기에 따라 그 수준은 천차만별일 수 있는 거죠.

아이가 중학교에서 A등급을 받았다고 무조건 잘한다고 생각하면 안 됩니다. 중학교 성적에 일희일비하지 말고 제대로 된 국어 실력을 다듬어야 합니다.

# 중등 국어와
# 고등 국어의
# 단계별 차이

중학교의 국어 과목이 아무리 어렵다 해도 고난도의 독해력을 요구하는 것은 아닙니다. 그래서 책을 좋아하고 독서를 많이 하는 아이와 독서를 별로 많이 하지 않는 아이들 간의 국어 성적에 관한 뚜렷한 인과관계는 보이지 않습니다. 독서를 하지 않으면 성적이 떨어질 것 같은데 독서를 안 해도 성적이 좋은 아이들이 생각보다 많은 거죠.

그런데 조금 다른 시각으로 보겠습니다. 저는 독서를 많이 하는 아이들의 수업 태도에 대해 이야기하고 싶습니다. 독서를 많이 한 아이들은 수업 태도가 달랐습니다. 독서에서 얻을 수 없었던 부족한 부분을 수업 시간에 채우려는 모습이 보였습니다. 그 아이들은 수업 집중력이 높은 편이었습니다. 그래서인지 성적도 좋은 편이었고요.

사실 독서를 하지 않아도 성적이 좋은 아이들은 100점을 받는 경우는 많지 않습니다. 결정적인 실수가 있어서 100점에서 꼭 몇 점이 모자랍니다. 그에 비해 책을 좋아하고 즐겨 읽는 아이들은 시험을 치면 대부분의 과목이 100점입니다. 서술형 답을 채점할 때도 어쩌면 이렇게 선생님이 원하는 정답을 써 놓았는지 감탄할 따름입니다. 출제자의 의도를 정확하게 파악해서 필요 없는 부분을 빼고 딱 핵심만 제대로 써 놓습니다.

독서와 국어, 두 마리 토끼를 모두 잡은 이 아이들은 고등학교에 가서도 결코 성적이 흔들리지 않습니다.


## 성실한 학교생활이 필요하다

중학생의 성실함이 바탕이 되어야 고등학생이 되어서 학교생활을 제대로 할 수 있습니다. 중학생 때 성실함이 배어 있어야 고등학생이 되어서 성실하게 학교생활을 할 수 있습니다.

중학생 때는 약간 불성실해도 그 결과에 대한 책임이 크지 않습니다. 고등학생은 다릅니다. 고등학생은 중학생 때 익혔던 성실함을 바탕으로 학교생활을 해야 합니다. 학교생활의 성실함이 학교생활기록부에 기록됩니다. 고등학생은 자신의 불성실함에 대해 책임져야 합니다. 학교 수업을 성실하게 듣지 않거나 수행평가, 지필평가를 성실하게 하지 않으면 내신 성적에 성실함이 그대로 드러납니다. 학교에서 진행하는 대회나 활동, 독서, 봉사 등의 비교과 영역도 마찬가지입니다. 성실하게 비교과 영역에 참여하면 학교생활기록부에 그대로 기록됩니다. 고등학생 때의 성실함은 학교생활기록부에 그대로 반영됩니다. 고등학교의 성실함은 대입이라는 결과로 나타나게 마련입니다.

## 학습 범위가 달라지는 고등 국어

중학 국어와 고등 국어는 학습 범위에서 큰 차이를 보입니다. 중학 국어는 국어 교과서 내의 정해진 범위에 있는 내용만 학습하면 됩니다. 교과서 위주로 시험 1~2주 전부터 시험 준비를 해도 고득점을 받을 수 있습니다. 시험 문제를 봐도 교과서 안에 시험 문제의 유형이 다 나와 있습니다. 암기 위주의 문제가 주로 출제됩니다. 절대평가이므로 소수점 배점을 하지 않습니다. 중학 국어는 성실하게 암기해도 고득점을 받을 수 있습니다.

고등 국어는 그렇지 않습니다. 고등 국어도 분명 정해진 시험 범위가 있습니다. 그러나 그것만 공부해서는 결코 안 됩니다. 내신과 수능을 모두 염두에 두고 공부해야 합니다.

당연히 교과서 내용은 기본으로 공부해야 합니다. 그런데 문제는 중학교 때와 다르게 교과서 외의 지문이나 작품이 출제된다는 데 있습니다. 교과서에서 공부했던 개념을 다른 작품에 응용해서 시험 문제를 풀어야 합니다. 수업 시간에 배웠던 개념을 활용하는 문제이기 때문에 시험 범위가 아니라고 말할 수 없습니다.

그뿐만이 아닙니다. 시험 문제는 수능 형식으로 출제됩니다. 중학교 때는 답이었던 것들이 이미 〈보기〉의 자료로 나옵니다. 그 〈보기〉를 보고 문제를 해석해야 합니다. 단순히 암기만 해서는 문제를 풀 수 없는 거죠.

상대평가이기 때문에 시험 문제의 난이도에 따라 소수점 배점을 해야 합니다. 0.1점으로 등급이 결정될 수 있습니다. 옆 친구도 한 문제 틀렸고 나도 한 문제를 틀렸지만, 그 친구는 3.8점짜리를 틀렸고 나는 3.9점짜리를 틀렸다면 친구는 1등급이고 나는 2등급이 될 수 있죠. 중학교 때와 다르게 문제의 개수가 문제가 아닙니다. 점수가 문제인 거죠. 한 문제로 일희일비가 엇갈리는 살풍경한 모습이 나타나는 것이 고등 국어입니다.

고등 국어 성적을 잘 받기 위해 평소에 꾸준하게 공부하지 않으면 결코 고득점을 받을 수 없습니다.

## 고등 국어의 영역

고등 국어에서 공부해야 하는 범위를 살펴보겠습니다.

고등 국어 교육과정에서는 듣기·말하기 영역은 화법, 읽기 영역은 독서, 쓰기 영역은 작문, 문법 영역은 언어, 문학 영역은 문학, 매체는 매체로 불리는데, 고등 국어에서 일반 선택 과목으로 화법과 언어, 독서와 작문, 문학이 있고, 진로 선택 과목으로 주제 탐구 독서, 문학과 영상, 직무 의사소통, 융합 선택 과목으로 독서 토론과 글쓰기, 매체 의사소통, 언어생활 탐구를 다룹니다.

화법과 언어는 평소 우리가 듣고 말하는 실제적인 활동입니다. 중학교 국어 시간에 토의 토론이나 설명문, 논설문을 살펴보았습니다. 고등 국어에서도 표준 발음, 언어 자료 분석하기, 담화, 언어적·준언어적·비언어적 표현, 효과적 설득 전략, 토론, 협상 등의 한 단계 높은 내용을 공부합니다.

중학 국어에서 문법을 공부할 때 교과서에 수록된 내용을 중심으로 단순히 암기했다면 고등 국어 문법은 범위가 확대됩니다. 원리 중심으로 이해하며 문법 개념을 암기해야 합니다. 중학교 때 배운 내용이 바탕이라 중학 문법부터 차근차근 공부하면 어렵지 않습니다. 문법 개념이 어떻게 실제 언어에서 적용되는지 공부해야 합니다.

독서와 작문은 함께 묶어서 다룹니다. 독서는 비문학이라고도 불립니다. 초등학생 때부터 지식책을 읽고, 비문학 영역의 책을 읽는 이유가 독서 과목을 대비하기 위함입니다. 인문·예술, 사회·문화, 과학·기술 분야의 글을 볼 때 독서 기술을 사용해서 읽습니다. 이때 독해 기술이 적용됩니다. 독서도 중요하지만, 독해가 더 중요합니다. 중학 국어에서는 교과서에 나오는 설명문이나 논설문을 읽고 설명 방법이나 논증 방법을 파악하는 공부를 했습니다.

고등 국어에서는 처음 보는 생소하고 다양한 범위의 비문학 지문을 접합니다. 이 지문을 읽기 위해 독해력과 문해력이 필요합니다. 제시되지 않은 부분을 추론하거나 보기와 비교해서 사고해야 하는 문제가 출제되기도 합니다. 수업 시간에는 이러한 독서의 특성을 바탕으로 직접 글을 쓰는 활동도 이루어집니다. 독서와 작문 영역을 제대로 공부하려면 독해력, 논리적 사고력, 문제 해결력 등을 키워야 합니다.

이것은 단기간에 쌓을 수 있는 능력이 아닙니다. 꾸준한 독서로 독해력과 이해력을 키우고, 비문학 문제집을 풀면서 문제 유형을 익혀야 합니다. 책을 읽을 때는 독서와 국어 공부를 연계해야 합니다. 고등학생이 되어도 꾸준히 다양한 영역의 비문학책을 읽어야 하는 이유입니다.

문학 영역은 고등 국어에서 가장 광범위한 영역입니다. 어쩌면 우리가 초등학생 때 그림책, 이야기책을 읽고 중학생 때 한국 단편 소설, 고전 소설을 읽었던 이유가 문학 과목을 대비하기 위함이라고 봐도 무방합니다.

고등학생은 이 방대한 영역을 다 읽을 시간이 없습니다. 초등학교 때부터 꾸준히 책을 읽어 온 아이들은 그래도 작품을 알고 있을 가능성이 있습니다. 문학 작품을 제대로 읽기 위해서 초등학생 때부터 전략적으로 독서 로드맵을 짜야 합니다.

고등학생은 문학 개념을 중심으로 작품을 해석하는 연습도 해야 합니다. 교과서에 수록되거나 모의고사에 자주 나오는 작품들도 반드시 공부해야 하고요. 이것만 해도 고등학교 생활이 무척 바빠 보이지 않나요? 물론 이 작품들을 다 암기하라는 것은 아닙니다. 낯선 작품이 출제되더라도 지금까지 공부한 작품을 바탕으로 그 작품들을 이해할 수 있도록 개념을 공부하고 그것을 적용하는 연습을 하라는 것입니다.

매체는 융합 선택 과목에서 다루어서 크게 걱정할 필요는 없습니다. 대상이 매체일 뿐 다루는 내용은 매체 속에서 듣고, 말하고, 읽고, 쓰는 활동들이기 때문입니다. 매체의 내용을 어떻게 수용해야 할지, 표현할 때 다양한 매체를 어떻게 활용할지 등을 공부하면 됩니다.

## 고등학교 내신 성적 산출 방법

'중학교 내신 성적 산출 방법'에서 이야기한 것처럼 등급이 같다하더라도 중학교마다 아이들의 실력은 천차만별입니다. 그런 아이들을 다시 섞은 것이 고등학교입니다. 중학교 때 받았던 A등급이 의미가 없다는 뜻이지요. 공부를 잘하던 아이들이 많은 중학교에서 B등급을 받은 아이가 공부를 못하던 아이들이 많은 중학교에서 A등급을 받은 아이보다 공부를 더 잘할 수도 있고, 못할 수도 있습니다. 중요한 것은 중학교 때의 성적이 그대로 유지되지 않는다는 데 있습니다.

중학교는 절대평가라서 학생 수와 상관없이 90점 이상 받으면 A등급이었습니다. 하지만 고등학교에서는 내신 성적이 그리 호락호락하지 않습니다. 훨씬 살벌합니다.

고등학교 내신은 상대평가입니다. 90점 이상 받았다고 똑같이 1등급을 주지 않습니다. 같은 교과 수업을 들은 아이들을 성적순으로 한 줄로 세웁니다. 그 교과 수업을 들은 학생의 10퍼센트에 해당하는 학생에게 1등급을 줍니다. 다음으로 24퍼센트에 해당하는 학생에게 2등급을 줍니다. 이렇게 등급이 점차 32퍼센트, 24퍼센트의 비율에 해당하는 학생들에게 3등급, 4등급, 마지막으로 10퍼센트에 해당하는 학생들에게 5등급을 줍니다.

만일 100명의 아이가 국어 수업을 듣는다면 10명이 국어 교과에서 1등급이 됩니다. 50명이라면 5명이 1등급이 되겠지요. 수업을 듣는 아이가 100명이라면 2등급은 24명, 3등급은 32명입니다. 전교 34등까지가 2등급입니다.

중학교의 A등급은 대략 30퍼센트 내외입니다. 30퍼센트는 2등급입니다. 이전의 등급제였다면 3~4등급이었을 겁니다. 중학교 때 A등급을 받았다 하더라도 1등급을 받을 수 없다는 뜻이지요. 중학교 때 우수한 성적을 받았던 아이들이 우루루 무너지는 것입니다.

1등급을 받는 학생의 수도 생각해야 합니다. 분모가 커야 분자도 커집니다. 수업을 듣는 학생이 많은 교과가 1등급을 받을 수 있는 숫자가 더 크지요. 수업을 듣는 학생 수의 10퍼센트가 넘는 숫자의

| 등급 | 등급 비율 (누적 비율) | 전교생이 100명일 때 | 전교생이 200명일 때 | 전교생이 300명일 때 |
|---|---|---|---|---|
| 1등급 | 10퍼센트 | 10명 | 20명 | 30명 |
| 2등급 | 24퍼센트 (누계 34퍼센트) | 24명 | 48명 | 72명 |
| 3등급 | 32퍼센트 (누계 66퍼센트) | 32명 | 64명 | 96명 |
| 4등급 | 24퍼센트 (누계 90퍼센트) | 24명 | 48명 | 72명 |
| 5등급 | 10퍼센트 (누계 100퍼센트) | 10명 | 20명 | 30명 |

※고등학교 내신 체계표(2025년부터 실시)

학생이 똑같은 최고점을 받았다고 가정해 보겠습니다. 그러면 그 과목에서는 모두 2등급을 받게 되어 1등급을 받는 학생은 없을 수 있습니다. 학교에서 이런 상황이 발생하지 않게 시험 문제를 꼼꼼히 내고 소수점 단위로 출제하는 등 각종 대비를 합니다(그럼에도 이런 상황이 생길 때를 대비해 계산식을 만들어서 등급을 나누니 걱정할 필요는 없습니다).

1등급의 비율보다 많은 수의 아이가 100점을 받거나 똑같은 최고점을 받으면 공부를 열심히 한 아이들이 등급에서 손해를 볼 수 있습니다. 그래서 고등학교 선생님들은 최선을 다한 아이들을 위해서라도 쉬운 문제를 낼 수 없습니다.

국어 교과의 경우 단위 수가 높아 등급에 더욱 예민합니다. 단위 수는 그 과목 수업을 몇 시간 하는가를 나타내는 용어입니다. 단위

수가 높을수록 내신 성적에서 영향이 큽니다. 결국 고등학교 시험 문제는 절대 쉽게 출제할 수 없습니다.

중학생 때 눈으로 대충 공부하는 습관을 가진 아이들은 고등학생 때도 그 습관을 고치기 힘듭니다. 고등학교는 시험 범위도 많고 내용도 어려워지는데 대충 공부하는 습관으로는 그야말로 망할 수 있습니다.

수업 시간에 수업하는 내용을 제대로 듣지 않고 자습서나 참고서만 보고 공부하던 아이들도 마찬가지입니다. 중학생 때는 절대평가이기 때문에 선생님들이 수업을 어느 정도 이해하면 충분히 시험을 볼 수 있게 출제합니다. 하지만 고등학생이 되면 위에서 이야기한 상황 때문에 시험 문제에 변별력이 있어야 합니다. 수업 시간에 다루는 내용 하나하나가 변별력을 가르는 요소가 될 수 있고요.

저는 중학교에서 근무할 때도 시험 문제를 낼 때마다 '어떻게 쉽게 출제할까?' 하고 고민했습니다. '아이들이 어떻게 하면 이 문제의 답을 쓸 수 있을까, 내가 어떻게 발문을 만들어야 쉽게 이해하고 출제한 의도에 맞는 답을 쓸 수 있을까?'를 고민하면서 문제를 만들었습니다.

고등학교에서 근무할 때는 그렇지 않았습니다. '어떻게 하면 수업 시간에 수업한 내용을 응용해서 다른 작품과 연결해서 낼까?'를 고민했습니다. '이미 수업 시간에 배운 내용을 다 이해했을 테니 어떻게 하면 아이들의 생각을 이끌어 낼 수 있을까?'를 생각했습니다.

시조의 어조에 대해 배웠다면 지문에는 배웠던 시조가 나온다 하더라도 답지에는 수업 시간에 다루지 않은 다른 시조 다섯 개가 제시될 수 있습니다. 그 시조 중에서 배웠던 시조와 어조가 같은 작품을 찾으라고 문제를 출제합니다. 중학교처럼 대충 눈으로 공부하거나 참고서만 보던 아이들은 당연히 완전히 바뀐 이러한 유형에 적응하지 못하고 '멘붕'이 오겠지요.

결국 교과서와 수업 시간 내용, 프린트를 가지고 꼼꼼하게 공부하고, 이를 어떻게 적용해야 할지 고민해야 합니다. 중학교와 고등학교는 시험 문제를 위한 고민의 방향 자체가 아예 다릅니다.

# 고등 국어를
# 어렵다고
# 느끼는 이유

고등학생은 학교마다 조금씩 차이가 있지만 대부분 학기당 두 번의 지필고사와 3월, 6월, 9월, 11월 모의고사를 봅니다. 시험을 칠 때마다 아이들과 학부모님들은 급격하게 떨어지는 성적에 충격을 받습니다. 중학교 때는 받은 적이 없었던 성적을 받거든요. 다음 시험은 혹시나 하고 기대하지만 역시나 성적이 떨어집니다.

문제는 국어 성적을 걱정하지 않았다는 데 있습니다. 분명히 책 육아를 하고 나름대로 국어에도 신경을 썼는데, 국어 성적이 형편없습니다. 그렇다고 국어를 놓을 수도 없습니다. 영어는 절대평가고, 수학은 다른 아이들도 선행을 해서 잘하기 때문에 국어에서 대학이 판가름 난다고 하거든요. 마음이 급해질 수밖에 없습니다. 그런데 아무리 국어 공부를 열심히 해도 성적은 오르지 않습니다. 국어를 공부하는 방법도 모르겠습니다. 고등학생이 되어서 국어 과외를 찾는 아이들이 많습니다. 국어 과외 선생님은 생각보다 찾기 힘듭니다. 국어 선생님을 찾는다 해도 다른 과목에 비해 과외비가 비쌉니다. 왜 그럴까요?

## 국어도 꾸준히 공부할 것

가장 큰 원인은 국어 공부를 하지 않았기 때문입니다. 어려서부터 꾸준히 국어를 공부한 아이는 드뭅니다. 국어 공부를 한다고 해도 영어와 수학에 우선순위가 밀립니다. 의무적으로 하는 영어나 수학 공부보다 국어 공부는 시간이 나면 하고, 안 나면 하지 않는 거죠.

게다가 교과서를 살펴보면 초등학교와 중학교에서 다루는 국어의 내용이 어렵지 않습니다. 다른 과목보다 힘을 들이지 않아도 어느 정도 성적이 나옵니다. 그러니 초등학생과 중학생 때 국어 공부를 따로 하는 경우는 드물지요. 영어나 수학에 비해 로드맵도 없고요. 그뿐인가요? 작품을 분석할 때 사고력과 판단력이 요구됩니다. 이는 쉽게 얻어지는 능력이 아니기 때문에 꾸준한 국어 공부를 통해 사고력과 판단력을 키우지 않았다면 어려움을 느낄 수 있는 거지요.

국어 공부를 잘하려면 독서가 중요하다고 하니 독서 논술 학원에 다니는 아이들은 많습니다. 그러나 독서 논술 학원도 수학 선행으로 시간이 부족하면 제일 먼저 가지치기 되는 학원 중 하나입니다.

## 수업 시간에 사용하는 용어가 어려워진다

사실 크게 달라지지는 않았지만 그동안 중점적으로 다루지 않았던 각종 개념어가 등장합니다. 특히 문학 개념어는 뭔지는 알고 있지만 그것을 어떻게 부르는지 몰라 개념과 뜻을 매치하지 못해서 문학을 이해하지 못하는 경우도 많습니다.

실제로 중학교 3학년 담임을 하면서 고1 3월 모의고사를 풀게 한 적이 있는데 많은 아이가 문학 개념의 뜻을 몰라서 그것을 질문하느라 시간 안에 거의 풀지 못했습니다. 아이들이 제일 많이 질문했던 것은 '선경후정'이었습니다. 선경후정(先景後情)은 말 그대로 '먼저 경치를 보고 뒤에 정서를 이야기한다.'로 '경치를 보고 난 느낌이나 생각을 말한다.'라는 뜻입니다. 아이들에게 설명해 주었더니 아이들은 모두 "아, 그렇게 쉬운 뜻이었어요? 그런데 왜 한자로 써서 이렇게 어렵게 느껴지게 하는 거야!"라고 하더군요.

그것이 바로 문학 개념어입니다. 그다지 어려운 말이 아니죠? 알고 보면 쉬운데 몰라서 어려울 뿐입니다.

고등학생이 되어서 국어 선생님을 찾는 것은 발등에 불이 떨어졌을 때입니다. 국어 성적을 올리기 위해 족집게 수업을 받으려는 거지요. 하지만 고등 국어의 영역은 만만치 않습니다. 수학이나 영어와 달리 국어의 기초가 전혀 없는 아이도 많습니다. 앞에서도 이야기했지만, 국어 영역은 도구 교과이기 때문에 이론만 공부해서는 성적을 올릴 수 없습니다. 다양한 지문을 읽고 그것을 어떤 방법으로 분석해야 하는지 그 과정을 익혀야 합니다. 거기에 문학과 비문학, 문법까지 기초도 공부해야 하지요. 그 모든 과정이 얽혀야 소위 '국어 감'을 잡을 수 있습니다. 기초부터 차근차근 쌓기 위해서는 시간이 오래 걸릴 수밖에 없습니다.

선생님 역시 현대 소설과 현대 시 전 작품, 고전 소설과 고전 시가 전 작품, 인문, 사회, 과학, 기술, 예술 등의 비문학 영역을 다 다뤄야 합니다. 작품의 양이 방대합니다. 이 내용들을 정리해서 수업해야 합니다. 고등 국어는 국어를 조금 공부해서는 제대로 가르칠 수 없습니다.

## 수업 시간에 다루는 작품을 잘 모른다

수업 시간에 다루는 작품과 초면인 아이가 많습니다. 다음 장에서 좀 더 자세히 말씀드리겠지만 고등 국어의 범위는 어마어마합니다. 그에 비해 주어진 국어 수업 시간은 매우 짧습니다. 작품이 제일 적은 향가만 하더라도 서동요, 풍요, 헌화가, 도솔가, 모죽지랑가, 처용가, 혜성가, 원앙생가, 원가, 제망매가, 안민가, 찬기파랑가, 천수대비가, 우적가 등이 있습니다. 물론 이 중에선 현재 제목만 전하는 것도 있습니다. 그래도 작품을 설명할 때 빠뜨릴 수는 없습니다. 향가는 배경 설화를 함께 갖고 있어 배경 설화에 대한 설명과 이해도 필요합니다.

국어 수업 시간은 정해져 있는데 이 많은 작품을 일일이 다룰 수는 없습니다. 교과서마다 다루는 내용이 조금씩 다르겠지만 교과서에는 이 향가 작품 중 하나가 수록되어 있습니다. 선생님은 교과서에 수록된 그 작품을 분석하고 작품의 배경 설화를 안내합니다. 그리고 그 작품을 통해서 향가가 무엇인가에 대해 설명합니다. 4구체 향가는 어떤 것이며 무엇이 있는지, 8구체 향가는 어떤 것이며 무엇이 있는지, 10구체 향가는 어떤 것이며 무엇이 있는지 설명합니다. 작가의 특징에 대해서도 설명해야겠지요.

그렇게 해도 1~2차시 이상 걸립니다. 아직 뒤에 작품이 많이 남아 있습니다. 모든 작품을 다 다룰 수는 없는 거죠. 이번 작품을 설명했으니 다른 같은 갈래의 다른 작품도 비슷한 특징이 있습니다. 아이들에게 이 작품뿐만 아니라 안내했던 다른 작품도 반드시 공부해야 한다고 이야기합니다.

아이들은 이런 이야기는 처음 듣습니다. 중학생 때까지는 수업 시간에 다루었던 작품만 공부하면 됐습니다. 작품을 몰라도 되었습니다. 선생님이 설명해 주시니까요. 수업 내용을 복습하면서 그 내용을 충실히 공부하면 성적이 어느 정도 나왔습니다.

그런데 고등학교는 그렇지가 않습니다. 선생님이 이 작품을 설명하면서 함께 다루었던 작품들도 처음 듣습니다. 당연히 선생님이 수업 시간에 제목을 이야기하면서 다루었던 작품들을 기억하지 못합니다. 시험에는 수업 시간에 교과서 속 작품을 설명하면서 각각의 특징을 설명했으니 출제될 수 있습니다. 모의고사에도 마침 향가 지문이 출제되었으니 내신 문제로 충분히 출제될 가능성이 큽니다. 하지만 아이들은 처음 보는 향가 지문에 매우 당황하고 국어가 어렵다고 느껴서 제대로 공부하지 않는 악순환에 빠지는 거지요.

## 국어 성적을 잘 받는 방법

국어 성적을 잘 받으려면 미리 준비해야 합니다.

국어 성적을 잘 받기 위한 가장 좋은 방법은 어릴 때부터 다양하고 폭넓은 읽기 경험을 쌓는 것입니다. 읽기 능력은 단번에 길러지지 않기 때문에 꾸준히 연습해야 합니다. 초등학생 때는 꾸준히 읽은 아이와 그렇지 않은 아이의 읽기 능력 차이가 작습니다. 시간이 지날수록 점점 읽기 능력 차이의 격차는 커집니다. 초등학교 6년,

중학교 3년이라는 긴 시간이 지나고 나면 그 차이는 어마어마하지요.

대입에 임박해 국어 공부에 집중한들 이미 엄청나게 벌어진 읽기 능력의 차이를 좁히기는 여간 힘든 것이 아닙니다. 독서를 많이 한 아이들이 따로 국어 공부를 하지 않아도 국어 성적이 잘 나오고, 독서를 하지 않은 아이들은 국어 공부를 열심히 해도 국어 성적을 올리기 어려운 이유가 이것입니다.

읽기 능력을 다진 뒤 고등학교 국어 교과서에 나오는 문학 작품을 읽어서 배경지식을 만들어야 합니다. 현대 문학 작품과 고전 문학 작품을 읽어 문학에 대비하고, 다양한 비문학책을 읽어서 비문학적 배경지식을 다져야 합니다.

특히 대입에서 영어가 절대평가가 되면서 국어의 비중이 더욱 커졌습니다. 그런데 초등학생, 중학생 때 국어는 여전히 수학과 영어보다 순위가 밀립니다. 수학과 영어는 당장 잘하고 못하는 것이 눈에 보입니다. 그래서 아이도, 부모님도 수학과 영어 공부를 더 급하게 느낍니다. 어느새 국어는 수학과 영어에 밀려 있습니다. 과목을 이야기할 때 우리는 '국영수'라고 이야기하는데, 아이들이 공부하는 것은 '수영국'인 것 같습니다.

우리 생활 자체가 국어이기 때문에 중학교 때까지는 국어 능력의 하락이 당장 눈에 보이지 않습니다. 하지만 국어 교과의 내용은 학년이 올라갈수록 어려워집니다. 이 차이로 인해 고등학생 때 수많은 '국포자'가 양산됩니다.

졸업생들이 찾아오면 "선생님, 저 중학교 때까지는 국어 성적 괜찮 았거든요. 그런데 고등학생이 되니까 국어가 너무 어려워요. 선생 님이 우리 학교로 오시면 안 돼요?" 고마운 말이지만 고등학생이 되어 국어가 어려워진 이유는 아이들이 중학생 때 제가 잘 가르쳐 서 그런 건 아닙니다. 국어 교과 시간에 배우는 여러 능력들이 꾸준 히 쌓여야 합니다. 국어 공부를 하지 않아도 국어 성적이 당장 낮게 나오지는 않습니다. 하지만 겉으로 드러나지 않을 뿐 국어 성적은 서서히 떨어지고 있습니다.

특히 중학교 때까지 국어 성적이 어느 정도 나왔는데 고차원의 읽기 능력이 필요한 고등학교에 가서 성적이 확 떨어지는 경우가 많습니다. 고등학교에서 담임을 할 때 국어 성적이 안 나온다고 상 담한 아이들 중 대부분이 중학교 때 국어 점수가 90점 이상이었다 고 이야기하더군요.

제가 중학교에 근무하면서 고등학생 아이들이 왜 성적이 그렇 게 떨어졌는지 짐작할 수 있었습니다. '초등 국어와 중등 국어의 차 이', '중등 국어와 고등 국어의 단계별 차이'에서 언급한 것처럼 중 등 국어는 절대평가이기 때문에 시험 문제를 쉽게 출제하는 편입 니다. '이해'를 바탕으로 한 '암기'만 제대로 되어 있다면 충분히 좋 은 성적을 받을 수 있습니다. 그러나 고등 국어는 '이해'와 '암기'를 바탕으로 한 '적용'과 '탐구' 과정이 필요합니다. 중학교 때보다 한 단계 더 나아간 능력이 필요한 거지요. 그러나 대부분 아이가 국어 공부를 제대로 하지 않기 때문에 학교급은 한 단계 올라갔는데, 아이들의 학습 능력은 한 단계 올라가지 못하고 제자리에 머물러 있으니 성적이 나오지 않습니다.

국어 성적의 하락은 단순히 국어 문제집을 풀거나 국어 학원에 다닌다고 해서 해결되지 않습니다. 대부분 독서 내공의 차이이기 때문입니다. 심지어 과학고등학교에 진학한 학생들도 수학, 과학 중심으로 공부하다 보니 의외로 국어에서 고전을 면치 못한다는 이야기도 들었습니다.

국어 공부를 잘하기 위해 독서를 많이 해야 합니다. 그렇다고 독서를 많이 하는 것만으로 국어 공부를 잘할 수 있는 건 아닙니다. 독서를 많이 하면 상위권의 국어 성적은 받을 수 있습니다. 그러나 다음 단계인 최상위권으로 올라가기 위해서는 반드시 국어 공부가 필요합니다. 독서와 국어 공부가 균형을 이루어야 고등학교에서 국어 성적을 잘 받을 수 있습니다.

# 고등
# 국어의
# 범위

고등 국어에서 공부해야 할 몇 가지만 말씀드리겠습니다. 고등 국어에서 절대 빠질 수 없는 것이 수능 국어입니다. 수능 국어에 대해서는 다음 장에서 자세히 다루겠습니다. 수능 국어의 영역은 크게 문학과 비문학으로 나눌 수 있습니다. 문학은 또다시 고전 문학과 현대 문학으로 나누고, 비문학은 독서, 작문, 화법, 문법 등으로 나눕니다.

고전 문학은 고전 시가와 고전 산문으로, 현대 문학은 현대 시와 현대 소설로 나눌 수 있습니다. 고전 문학은 고대 시대부터 개화기 이전까지 전해지는 모든 작품입니다. 그 작품이 노래로 불렸으면 고전 시가가 될 것이고, 긴 글로 읽혔으면 고전 산문이 될 겁니다.

물론 여러 이유로 소실되었다고 하나 그 긴 기간 동안 남아 있는 수많은 작품들이 고전 문학이 됩니다. 학생들은 그것을 공부해야 하고요.

제가 고등학교 때, 역사적으로 가치 있는 문화재가 발견되었다는 뉴스를 듣고 공부해야 할 것이 늘었다며 큰 소리로 분노했던 기억이 있습니다. 고전 문학 작품 중에는 누구나 들어서 아는 것도 있지만 처음 보는 낯선 작품들도 있습니다. 그 모든 작품을 꼼꼼하게 공부해야 합니다. 그 작품들의 배경이나 역사적, 문학적 의의 등은 기본이겠지요.

현대 문학도 마찬가지입니다. 제가 농담 삼아 아이들에게 "지금도 누군가 시를 쓰고, 소설을 쓰고 있다. 너희는 그걸 다 공부해야 한다."라고 말하면 아이들이 갑자기 비명을 지르면서 "다 없애 버려요!"라고 합니다.

네, 고전 문학은 긴 시간 동안 전해지면서 다행히 기록이 되지 않아서 현재 전하지 않는 것도 있고, 소실된 것도 있지만 현대 문학은 지금도 진행형입니다. 공부해야 할 작품이 끝도 없습니다. 특히 고3의 경우에는 작품 해석조차 없는 새로운 현대 문학 작품이 등장하곤 합니다. 이런 작품들도 해석할 수 있는 능력을 익혀야 하므로 고등 국어가 어렵다고 느낄 수밖에 없는 거죠.

비문학은 또 어떻고요. 수능 국어 비문학 지문을 본 적 있나요? 과연 고등학생이 이 지문을 읽고 이해할 수 있을까 싶을 정도의 수준 높은 지문이 많습니다. 인문, 사회, 과학, 기술, 예술 등의 주제를 바탕으로 한 다양한 글이 나옵니다.

아이들에게 "그나마 문학은 너희가 배운 작품이 나올 수도 있지만, 비문학은 너희가 배운 지문이 나올 가능성이 거의 없다. 그래도 이 지문들을 공부해야 하는 이유는 이 지문들을 분석하는 방법을 익혀서 낯선 지문이 나오더라도 분석을 할 수 있게 해야 하기 때문이다."라고 이야기합니다.

그렇습니다. 비문학은 낯선 주제의 글을 읽고 그것을 분석하고, 출제자가 원하는 답을 찾아내는 훈련을 해야 합니다. 이때 필요한 것이 사실적·창의적 사고력, 어휘력, 추론적·비판적 사고력 등입니다. 이 능력을 키우기 위해서 초등학생 때부터 다양한 영역의 책을 읽어야 한다고 입이 닳도록 잔소리해 왔던 겁니다. 비문학 독해에 지름길은 없습니다. 꾸준히 읽고, 반복적으로 훈련해야 비문학 독해를 잘 할 수 있습니다.

이제 끝이냐고요? 아직 하나가 남았습니다.

그것은 바로 국어 문법입니다. 고전 문법부터 현대 문법까지 문법도 정리하고 이해해야 합니다. 문학과 비문학보다 학습 분량이 많은 편은 아니지만 높은 수준의 이해력을 요구하는 편입니다. 국어 문법은 평소 우리가 사용하는 말과 글의 의미를 정확하게 전달하고 이해하는 데에도 필요하고요.

문법은 많은 아이가 어려워하는 영역입니다. 그래서 기초부터 제대로 다지는 것이 매우 중요합니다. 분량이 많기 때문에 다 암기할 수는 없습니다. 수학과 마찬가지로 기본적인 문법 규칙을 제대로 익히고 그 속에 담긴 규칙과 원리를 파악하여 문제 상황에 맞게 응용할 수 있는 능력을 키워야 합니다.

다행히 국어 문법은 다른 과목보다 공부할 내용이 변하지 않고, 상대적으로 범위가 명확하게 정해져 있습니다. 또 중학교 때 배우는 문법 개념들이 고등학교 때의 문법 개념들과 이어지고 수능 문제까지 반영됩니다. 그러니 중학교 때부터 문법 개념을 제대로 정리하고 문제를 풀면서 문법 개념을 정확하게 이해하고 있는지 점검하면 됩니다.

고등학교 3학년 아이들에게 물어보면 범위가 무한정인 문학이나 비문학보다 비교적 범위가 한정되어 있어서 공부할 때는 싫어하지만 막상 공부하고 나면 제일 든든한 것이 국어 문법이라고 이야기합니다. 그러니 문법 공부도 꼼꼼히 해 두는 것이 좋습니다.

# 수능
# 국어가
# 중요한 이유

제가 국어 교사라서가 아니라 수능 시험을 칠 때 가장 중요하다고 생각하는 영역이 국어 영역입니다. 왜냐하면 수능 시험을 볼 때 제일 처음 치르는 과목이기 때문입니다. 시작이 반이라는 말이 있듯이 국어 영역을 잘 치는지 못 치는지에 따라 그날 하루 시험 컨디션이 결정되고 그에 따라 수능 성적 결과가 달라질 수 있기 때문이죠.

대입을 준비하는 수험생들은 1년 동안 쉬지 않고 수능 시험을 준비하느라 몸과 마음이 많이 약해져 있습니다. 1교시인 국어 영역에서 시험을 못 치거나 실수하면 스스로 다독이고 새 마음으로 다음 시험에 집중하기 쉽지 않습니다. 망했다는 생각에 집중력이 흔들리면 결국 마음을 다스리지 못하고 다음 시험까지 영향을 미칩니다.

수능 도입 초반에는 국어 영역 문제를 어렵게 출제하다가 국어 영역을 치르고 나서 좌절하여 극단적인 선택을 하는 학생들이 다수 생기면서 국어 영역을 쉽게 출제하는 경향으로 바뀌기도 했습니다. 그 정도로 수능일의 컨디션을 좌우하는 것이 국어 과목입니다.

## 수능 국어의 중요성

지금은 수능 시험을 볼 때 모든 과목을 다 치르지 않고, 자신이 원하는 과목만 선택해서 치를 수 있습니다. 국어 영역을 선택하지 않는다면 국어 영역을 제일 처음으로 치르지 않을 수도 있지요.

주의할 점은 수능 시간표는 바뀌지 않았다는 겁니다. 1교시 국어 영역, 2교시 수학 영역, 3교시 영어 영역, 4교시 탐구 영역, 5교시 외국어나 한문 영역으로 수능 시간표는 정해져 있습니다. 모든 수험생은 동일한 시간에 고사장에 입실해야 하고 중간 입실은 절대 불가합니다.

만일 그 시간의 과목을 선택하지 않았다면 대기실에서 조용히 다른 과목을 공부해야 합니다. 예를 들어, 국어 영역을 선택하지 않았다면 1교시 동안은 조용히 대기실에서 국어 과목이 아닌 다른 과목을 공부해야 하는 거지요. 그 시간에 수학이나 영어 시험을 치를 수는 없습니다. 아마 대부분의 수험생은 모의고사를 치르면서 최대

**입실 완료 시간: 8:10까지(2~5교시는 시험 시작 10분 전까지 입실)**

| 교시 | 시험 영역 | 시험 시간<br>(소요 시간) | 문항 수 | 비고 |
|---|---|---|---|---|
| 1 | 국어 | 8:40~10:00<br>(80분) | 45 | |
| 휴식 10:00~10:20 (20분) | | | | |
| 2 | 수학 | 10:30~12:10<br>(100분) | 30 | 단답형 30퍼센트 포함 |
| 중식 12:10~13:00 (50분) | | | | |
| 3 | 영어 | 13:10~14:20<br>(70분) | 45 | 듣기평가 문항 17개 포함<br>13:10부터 25분 이내 |
| 휴식 14:20~14:40 (20분) | | | | |
| 4 | 한국사<br>사회/과학/직업탐구 | 14:50~16:37<br>(107분) | 각 20 | |
| 휴식 16:37~16:55 (18분) | | | | |
| 5 | 제2외국어/한문 | 17:05~17:45<br>(40분) | 30 | |

한 수능과 유사하게 조건을 맞추면서 공부했을 것입니다.

수험생들은 대부분 평소에 공부하던 컨디션을 유지하기 위해 1교시인 국어 영역을 선택합니다. 저 역시 지금까지 수능 감독을 가서 국어 영역을 치르지 않는 고사실을 본 적 없습니다. 수능 날 컨디션을 좋게 하고 멘탈을 관리하면서 최선을 다하기 위해서는 시작 과목인 국어 영역을 잘 봐야 합니다.

국어가 중요한 또 다른 이유가 있습니다.

2018년부터 수능 영어 영역이 절대평가로 바뀌었습니다. 그동안 수능에서 변별력을 결정하는 중요한 요인은 영어와 수학 영역이었습니다. 영어가 절대평가 체제가 되면서 수능 변별력의 한 축이 약해진 것입니다.

변별력을 제대로 갖추려면 수능 시험에서 다른 영역을 보완하는 것이 필요합니다. 수학 영역을 어렵게 내자니 안 그래도 극심한 사교육 영역에 기름을 붓는 꼴이 될 수 있습니다. 지금도 수포자가 넘쳐나는데 이러한 현상을 부채질한다는 비난을 피할 수 없을 것입니다. 국어는 우리말입니다. 국어 영역에서 다루는 범위는 사교육만으로 힘듭니다. 수학에 비해 사교육 논란에서 자유로울 수 있습니다.

수학을 잘하는 아이들도 마찬가지입니다. 이 아이들은 이미 수학을 다 잘합니다. 수학 영역으로 변별하기는 쉽지 않습니다. 영어는 절대평가입니다. 수학을 잘하는 아이들은 대체로 영어도 잘하지요. **결국 국어 성적이 대입을 위한 중요한 열쇠가 되었습니다.** 하지만 수능에서 국어 영역을 정복하는 것은 쉽지 않습니다. 해마다 수능 전문가들은 쉬운 편이라고 분석해도 정작 시험을 치르는 수험생들은 여전히 국어를 어려워합니다.

수능 국어 영역은 지문이 촘촘하고 주제나 텍스트의 수준도 높은 편입니다. 단순하게 지문을 읽고 해석하는 능력보다 어휘력을 바탕으로 정확하게 해석하고 적용할 수 있는 이해력, 추론력, 독해력 등의 읽기 능력을 요구합니다. 읽기 능력을 키우기 위해서는 반드시 독서가 필요합니다.

국어 영역 문제를 풀 때 독해 스킬은 문제를 빠르게 해결하는 데 도움을 줄 수 있습니다. 그러나 이러한 스킬만으로 모든 문제를 해결할 수 있는 것은 아닙니다. 독해 스킬은 중위권에서 상위권으로 도약하는 데 중요한 도구가 될 수 있지만, 상위권에서 최상위권으로 올라서기 위해서는 한계가 있습니다. 최상위권에 도달하려면 지문을 온전히 읽고 깊이 이해하는 능력이 필수적입니다. 이를 위해서는 기본 개념을 철저히 익히고, 읽기 능력을 꾸준히 발전시키는 노력이 요구됩니다.

전략적 독서로 얻은 읽기 능력을 바탕으로 국어 영역별로 공부를 꼼꼼하게 해야 수능에서 국어 영역 성적을 잘 받을 수 있습니다. 국어가 대학을 결정하는 중요한 열쇠입니다.

## 수능 국어 영역 엿보기

국어 영역을 잘 치기 위해서는 어떻게 해야 할까요?

인터넷 검색창에 '수능 국어 기출문제'를 입력하거나 '한국교육과정평가원'을 찾으면 수능 국어 기출문제를 볼 수 있습니다. 우선 가장 눈에 띄는 것은 시험지의 페이지 수입니다.

국어 영역 시험지의 페이지 수는 16페이지에 45문항이고, 수학은 12페이지에 30문항, 영어는 8페이지에 45문항입니다. 국어 영역이 다른 영역보다 페이지 수도, 문제 수도 많은 편입니다. 한 페이지만 살펴볼까요? 지문의 길이가 시험지 한 면을 다 차지하거나

[1~3] 다음 글을 읽고 물음에 답하시오.

밑줄 긋기는 일상적으로 유용하게 활용할 수 있는 독서 전략이다. 밑줄 긋기는 정보를 머릿속에 저장하고 기억한 내용을 떠올리는 데 도움이 된다. 독자로 하여금 표시한 부분에 주의를 기울이도록 해 정보를 머릿속에 저장하도록 돕고, 표시한 부분이 독자에게 시각적 자극을 주어 기억한 내용을 떠올리는 데 단서가 되기 때문이다. 이러한 점에서 밑줄 긋기는 일반적인 독서 상황뿐만 아니라 학습 상황에서도 유용하다. 또한 밑줄 긋기는 방대한 정보를 가운데 주요한 정보를 추리는 데에도 효과적이며, 표시한 부분이 일종의 색인과 같은 역할을 하여 독자가 내용을 다시 찾아보는 데에도 용이하다.

통상적으로 독자는 글을 읽는 중에 바로바로 밑줄 긋기를 한다. 그러다 보면 밑줄이 많아지고 복잡해져 밑줄 긋기의 효과가 줄어든다. 또한 밑줄 긋기를 신중하게 하지 않으면 잘못 표시한 밑줄을 삭제하기 위해 되돌아가느라 독서의 흐름이 방해받게 되므로 효과적으로 밑줄 긋기를 하는 것이 중요하다.

밑줄 긋기의 효과를 얻기 위한 방법에는 몇 가지가 있다. 우선 글을 읽는 중에는 문장이나 문단에 나타난 정보 간의 상대적 중요도를 결정할 때까지 밑줄 긋기를 잠시 늦추었다가 주요한 정보에 밑줄 긋기를 한다. 이때 주요한 정보는 독서 목적에 따라 달라질 수 있다는 점을 고려한다. 또한 자신만의 밑줄 긋기 표시 체계를 세워 밑줄 이외에 다른 기호도 사용할 수 있다. 밑줄 긋기 표시 체계는 밑줄 긋기가 필요한 부분에 특정 기호를 사용하여 표시하기로 독자가 미리 정해 놓는 것이다. 예를 들면 하나의 기준으로 묶을 수 있는 정보들에 동일한 기호를 붙이거나 순차적인 번호를 붙이기로 하는 것 등이다. 이는 기본적인 밑줄 긋기를 확장한 방식이라 할 수 있다.

밑줄 긋기는 어떠한 수준의 독자라도 쉽게 사용할 수 있다는 점 때문에 연습 없이 능숙하게 사용할 수 있다고 오해되어 온 경향이 있다. 그러나 본질적으로 밑줄 긋기는 주요한 정보가 무엇인지에 대한 판단이 선행되어야 한다는 점에서 단순하지 않다. ㉠밑줄 긋기의 방법을 이해하고 잘 사용하는 것은 글을 능동적으로 읽어 나가는 데 도움이 될 수 있다.

**1.** 윗글의 내용과 일치하지 <u>않는</u> 것은?

① 밑줄 긋기는 일반적인 독서 상황에서 도움이 된다.
② 밑줄 이외의 다른 기호를 밑줄 긋기에 사용하는 것이 가능하다.
③ 밑줄 긋기는 누구나 연습 없이도 능숙하게 사용할 수 있는 전략이다.
④ 밑줄 긋기로 표시한 부분은 독자가 내용을 다시 찾아보는 데 유용하다.
⑤ 밑줄 긋기로 표시한 부분이 독자에게 시각적인 자극을 주어 기억한 내용을 떠올리는 데 도움이 된다.

**2.** ㉠에 해당하는 내용으로 가장 적절한 것은?

① 글을 다시 읽을 때를 대비해서 되도록 많은 부분에 밑줄 긋기를 하며 읽는다.
② 글 전체에 주의를 기울일 수 있도록 글을 읽고 있을 때에는 밑줄 긋기를 하지 않는다.
③ 정보의 중요도를 판정하기 어려우면 우선 밑줄 긋기를 한 후 잘못 그은 밑줄을 삭제한다.
④ 주요한 정보를 추릴 수 있도록 자신이 만든 밑줄 긋기 표시 체계에 따라 밑줄 긋기를 한다.
⑤ 글에 반복되는 어휘나 의미가 비슷한 문장이 나올 때마다 바로바로 밑줄 긋기를 하며 글을 읽는다.

**3.** 윗글을 바탕으로 학생이 다음과 같이 밑줄 긋기를 했다고 할 때, 이에 대한 평가로 적절하지 <u>않은</u> 것은? [3점]

[독서 목적] 고래의 외형적 특징에 대한 정보 습득
[표시 기호] ____ , 1) · 2) , √ , ~~~~

[독서 자료]
고래는 육지 포유동물에서 기원했지만, 수중 생활에 적응하며 새끼를 물속에서 낳는다. 1)알껍질은 새끼를 낳을 때 서로 도와주며, 2)어미들은 새끼들을 정성껏 보호한다.
고래의 생김새는 고래의 종류마다 다른데, √대체로 몸길이는 1.3m에서 30m에 이른다. √피부에는 털이 없거나 아주 짧게 나 있다. 지느러미는 배를 젓는 노와 같은 형태이고, 헤엄칠 때 수평을 유지하는 기능을 한다.
고래는 폐로 호흡하므로 물속에서 숨을 쉴 수 없다. 고래의 머리 꼭대기에는 분수공이 있다. 물속에서 참았던 숨을 분수공으로 내뿜고 다시 숨을 들이마신 뒤 잠수한다. 1회 호흡으로 숨을 참지 못하지만, 큰 고래들은 1시간 정도 물속에 머물 수 있다.

① 독서 목적을 고려하면, 1문단에서 '____'로 표시한 부분은 적절하지 않게 밑줄 긋기를 하였군.
② 독서 목적을 고려하면, 1문단에서 1) · 2) 와 같이 순차적인 번호로 표시한 부분은 적절하게 밑줄 긋기를 하였군.
③ 2문단에서 '____'로 표시한 부분을 보니, 독서 목적에 관련된 주요 어구에 밑줄 긋기를 하였군.
④ 독서 목적을 고려하면, 2문단에서 밑줄 긋기를 한 부분은 '지느러미는 배를 젓는 노와 같은 형태에 √ ___'는 누락하였군.
⑤ '~~~~'로 표시한 부분을 보니, 독서 목적을 고려하여 3문단 내에서 정보 간의 상대적인 중요도를 판단해 주요한 문장에 밑줄 긋기를 하였군.

이 문제지에 관한 저작권은 한국교육과정평가원에 있습니다.

2/3페이지 정도 됩니다. 문제의 수는 3문제~5문제 정도 되고요.

이렇게 긴 지문과 관련 문제를 80분 안에 다 풀고, 답안지에 마킹까지 해야 수능 국어 문제를 풀 수 있습니다.

단순하게 문제의 수만 계산해 볼까요? 수능 시험은 80분이고, 문제는 45문항입니다. 한 문제당 1분 30초 이내에 풀어야 합니다. 여기에 지문을 읽는 시간과 답안지를 마킹하는 시간은 포함되지 않았습니다. 이것까지 더하면 얼마나 짧은 시간에 지문을 읽고 문제를 풀어야 하는지 계산이 되나요?

보통 지문 하나에 딸린 문제가 3~5개 문항이니 지문 하나당 10분 이내로 완벽하게 풀어야 합니다. 이 문제들을 풀기 위해서는 지문과 문제를 제대로 '읽고' 풀어야 합니다.

정해진 시간에 긴 지문과 문제를 '읽고' 분석해서 정답을 찾기 위해서는 사고력, 독해력, 어휘력, 문제 해결력 등이 필요합니다. 이 '읽기 능력'을 키우는 가장 좋은 방법은 독서가 바탕이 된 독해 연습입니다. 짧은 글을 읽는 것만으로는 독해력을 키우기 힘듭니다.

평소 긴 글을 읽으며 문장의 흐름을 읽을 수 있어야 합니다. 책의 내용을 제대로 이해하려면 앞의 내용과 연결하며 읽어야 합니다. 독해력을 키우려면 한 권 이상의 길이인 책을 읽으며 긴 문장을 읽는 연습을 하는 것이 제일 좋습니다. 다양한 책을 읽으면서 여러 글 속의 다양한 어휘를 직접 읽고, 문맥을 통해 어휘의 뜻을 파악하는 과정에서 어휘력도 키울 수 있습니다. 이 모든 과정이 수능 국어 능력 향상을 위한 중요한 밑거름이 됩니다.

# 최상위권으로

## 도약하기 위한
## 국어 공부법

Reading strategies
for getting into college

# 시기에 따른
# 국어
# 공부법

중학교의 전 과정은 고등학교 준비 과정입니다. 주기적인 지필평가와 수업 중 수행평가 과정, 수업 운영 방식, 학생부 기록 등 많은 것이 중학교와 고등학교가 비슷합니다. 그래서 중학생 때 대입까지의 로드맵을 생각해 두는 것이 좋습니다.

그러나 사춘기를 겪는 우리 아이들은 엄마의 로드맵을 따르려 하지 않습니다. 사춘기가 되면 주관이 생기고 자신의 생각에 따라 행동하려 하거든요. 더 이상 엄마의 잔소리가 먹히지 않는 거죠. 이제는 엄마가 공부의 고삐를 잡고 있을 수 없습니다. 아이가 스스로 무엇을 어떻게 공부해야 하는지 생각하고 계획해야 합니다. 중등부터는 엄마표 공부에서 자기 주도 학습으로 나아가야 하는 거죠.

그러면 우리 아이들이 어떻게 국어 공부를 해야 할까요? 우선 크게 독서와 국어 공부 두 가지를 해야 합니다.

독서부터 살펴볼까요?

독서는 중학교 1학년 때까지는 재미 위주의 책을 읽다가 중학교 2학년부터는 고등학교에서 다루는 수많은 문학 작품과 수능 시험이나 모의고사에서 만나게 될 비문학 작품들을 읽을 수 있도록 해야 합니다. 이렇게 전략적으로 독서하려면 초등학교 때 독서를 즐겨야 합니다. 그렇지 않으면 중학생이라는 이유로 갑자기 독서하지는 않을 테니까요.

고등학생 때는 독서할 시간이 거의 없습니다. 수업 시간에 다루는 수많은 작품의 내용을 알고 있어야 수업을 따라갈 수 있습니다. 그뿐인가요? 학생부에 독서가 반영되지 않으면서 그 내용들을 교과 세특에 꽉꽉 채워 넣기 위해 과목별 읽어야 할 책들이 있는데, 그 책들을 읽는 것만 해도 시간이 부족합니다. 그러니 독서는 중학교 때 마스터한다는 생각이 필요합니다.

비문학 작품은 시중에 중학생들을 대상으로 하는 수많은 비문학 책들이 있습니다. 다양한 영역으로 배경지식을 쌓는다는 생각으로 읽게 해 주세요. 처음에는 얇은 비문학책들로 시작해서 아이가 흥미로워하는 영역이 있다면 점차 두꺼운 책으로 나아가면 됩니다. 똑같은 주제를 다룬 책이라 하더라도 청소년을 대상으로 쓴 책과 성인을 대상으로 쓴 책은 두께나 사용하는 어휘 등에서 차이가 납니다. 청소년을 대상으로 쓴 책은 좀 더 쉽고 가벼운 느낌이 있고, 성인을 대상으로 쓴 책은 좀 더 전문적이고 깊은 내용을 다루고 있습니다. 하지만 꼭 다루어야 할 내용은 큰 차이가 없으니 기왕이면 쉬운 표현부터 먼저 읽으면 거부감이 덜하겠지요.

수능 과목에서 다루는 영역을 중심으로 골고루 읽게 해 주세요. 수능 과목에서 다루는 영역은 인문, 사회, 과학, 기술, 예술 분야입니다. 어느 한 영역만 편독하지 않고 골고루 읽을 수 있도록 도서관에 가서 책을 고르거나 그중에서 아이가 좋아할 만한 책은 선물해 주세요. 빌린 책과 소장한 책은 느낌이 확실히 다르거든요.

문학 작품은 국어 공부를 위한 독서와 독서를 유지하기 위한 독서가 필요합니다.

무슨 말이냐고요? 국어 공부를 위한 독서는 솔직하게 말하면 재미가 없습니다. 의무적인 느낌이 강합니다. 독서를 좋아하지 않는다면 공부를 위한 독서를 끌고 갈 수 없습니다. 공부를 위한 독서를 끌고 가기 위한 약간의 팁이 필요합니다. 그것이 독서를 유지하기 위한 독서이지요. 우리가 건강하게 살아가려면 영양소가 골고루 갖춰진 식사를 해야 하지만 가끔씩 간식이나 불량식품을 먹고 싶을 때가 있습니다. 마찬가지로 공부를 위한 독서도 필요하지만 아이들의 독서에 흥미를 불어넣을 수 있는 간식이나 불량식품 같은 독서도 필요합니다. 아이들은 그 힘으로 공부를 위한 독서의 지겨움을 이겨 낼 수 있거든요.

국어 공부를 위해서 현대 소설과 고전 소설을 읽어야 합니다. 현대 소설의 경우 반드시 읽어야 할 작품들이 있습니다. 주로 단편 소설들로 이루어져 있어서 한 편을 읽는 데 시간이 오래 걸리지 않습니다. 중학교 교과서에도 나오는 작품들이 많으니 미리 읽기를 추천합니다.

고전 소설은 고어로 쓰여 있어서 글의 의미를 파악하기는커녕 읽는 것조차 힘든 경우가 많습니다. 고등학생이 되기 전 중학교 3학년 때 미리 읽어 두어야 합니다. 고전 소설은 초등학생 때 전래 동화로 접했을 겁니다. 이제는 제대로 원본의 내용으로 읽어야 합니다.

## 국어 공부 두 번째, 학교 국어 공부

국어 공부는 학교 공부와 수능 공부로 나눠서 살펴보겠습니다. 학교 공부는 교과서를 기본으로 수업 시간에 선생님의 말씀을 열심히 듣고 이해하기, 선생님이 나눠 주는 프린트가 있다면 프린트 꼼꼼하게 보기, 그것이 전부입니다. 물론 학년에 따라서 공부해야 할 양이나 수준에서 차이가 있겠지요.

중학교 때는 교과서 내용과 선생님의 수업 내용을 빠짐없이 암기하면 국어 성적을 잘 받을 수 있습니다. 중학교 시험은 수업 시간에 얼마나 성실하게 수업을 듣고, 그것을 내면화했는지 묻는 시험입니다. 그래서 수업의 내용을 충실히 이해하고 암기했다면 좋은 점수를 받을 수 있습니다. 저는 여기에 한 가지를 더했으면 합니다. 공부할 때 "왜?"라는 자세를 갖는 것입니다. "선생님이 이 부분을 설명하실 때 '왜' 이렇게 설명하셨을까? 이 부분은 '왜' 이렇게 생각하게 된 거지?"라는 자세를 갖고 공부하면 단순하게 암기하지 않을 수 있습니다. "왜?"에 대한 답이 막힌다면 선생님께 질문하면 됩니다. 이런 질문을 싫어할 선생님은 아무도 없습니다. 모든 선생님이 즐거운 마음으로 대답해 주실 겁니다.

이렇게 공부해야 고등학생이 되어서 공부를 제대로 할 수 있습니다. 고등학교 시험은 중학교와 다릅니다. 중학교 시험이 '암기' 중심이었다면 고등학교 시험은 '적용'과 '응용' 중심입니다. 단순히 암기만 하거나 수업 시간 선생님의 수업만을 열심히 들어서는 좋은 성적을 받기 힘들다는 의미이지요.

얼마 전, 기말고사를 치르고 학생들의 답을 확인할 때였습니다. 한 아이가 오더니 자기 답이 왜 틀렸는지 이해가 안 된다고 하면서 설명을 요구했습니다. 그래서 저는 "네가 쓴 답은 이 글에서 핵심어가 아니다. 너는 핵심 문장의 어휘가 아닌 근거로 제시한 문장을 쓰지 않았느냐. 이 문제에서 요구한 초점에서 어긋난다."라고 답을 했습니다. 그랬더니 그 아이가 교과서를 가지고 와서 "선생님이 분명히 이렇게 설명했다. 나는 그래서 그대로 외웠다. 그러면 이렇게 설명한 선생님이 잘못 설명한 게 아니냐."라고 따졌습니다. 저는 "글이라는 것은 어떻게 분석하느냐에 따라 조금씩 달라진다.

시험 문제에서 묻고자 하는 것이 무엇인지 파악하고 그에 따라 분석했어야 했다. 시험 문제에서 요구한 것은 이것이 아닌데, 네가 핵심을 제대로 분석하지 못한 것 같다. 출제 의도를 완벽하게 파악하고 정답을 쓴 아이가 전교의 절반 이상이다. 출제 의도를 파악하지 못한 너의 오독이다. 형평성을 위해서도 너의 답을 정답으로 인정할 수는 없다."라고 말했습니다. 부분 점수를 받은 상황이었지만, 못내 자신의 점수가 아쉬운 듯 보였습니다.

그 아이와 이야기를 나누면서 가장 많이 들었던 생각은 '이 아이는 "왜?"라는 생각 없이 필기한 내용을 그저 달달 외우기만 했구나.' 하는 것이었습니다. 선생님이 '1'이라고 이야기하면 왜 그것이 1이 되었는지 이해하는 과정 없이 '아, 이건 무조건 1이구나.' 하고 암기만 한 거죠. 상황에 따라서 1이 아니라 1+1의 상황이 될 수도 있는데 말입니다. 그렇게 공부해서는 결코 고등학교에서 나오는 응용문제들을 풀 수 없습니다.

고등학생이 되면 암기를 바탕으로 그 내용을 다른 작품에 적용해서 비슷한 방식으로 해석하고 분석할 수 있어야 합니다. 중학교 때보다 인지적으로 발달했기에 그것이 가능할 것으로 생각하고 출제하고 가르치거든요.

고등학생은 초등학교 때부터 중학교 때까지 배운 내용을 털실로 짜듯이 하나의 완성작을 만들어 가는 과정입니다. 초중학교 때 꾸준히 훌륭한 털실을 만들어 냈습니다. 이 털실을 짜면서 고등학교의 내용을 조금씩 더해서 더 아름다운 완성작을 만들어야 합니다. 그러니 고등학생 때는 기존의 학습 내용을 탄탄히 다지고 그 위에 새로이 배우는 내용을 더하는 훈련이 필요합니다. 그래야 내신 성적을 잘 받을 수 있습니다.

## 국어 공부 세 번째, 수능 국어 공부

중학생은 수능 국어 공부를 미리 할 필요가 없습니다. 하지만 그 바탕은 마련해 놓아야 합니다. 수능 국어 공부는 크게 문학, 비문학, 문법을 공부하면 됩니다. 문학은 중학교 때까지는 다양한 독서를 하는 것만으로도 충분합니다. 문법 역시 중학교의 학기마다 문법 단원이 있는데, 제 학년에서 공부해야 할 내용을 탄탄하게 하면 됩니다.

선행보다 현행을 탄탄하게 다져야 합니다. 비문학은 중학생 때부터 문제집을 푸는 것을 추천합니다. 비문학 독해 분석 능력이나 문제를 푸는 스킬을 익히기 위해서 풀라는 건 아닙니다. 고등학생이 되어서 비문학 지문과 문제를 처음 접하고 당황하지 않게 하기 위해 익숙해지는 정도면 됩니다. 비문학 독해 스킬이나 문제풀이 스킬은 고등학교에 가서 배우면 됩니다.

진짜 수능 국어 공부는 고등학생부터 시작입니다. 예비 고등학생인 중학교 3학년 겨울 방학부터 고등학교 공부를 시작하기를 추천합니다. 고등학생이 되어서 시작하기에는 다른 아이들과 출발선이 다른 경우가 많거든요. 예비 고등학생 때 문학 개념을 탄탄히 다지고, 중학교 문법을 다시 한번 복습하면서 제대로 이해했는지 확인합니다. 비문학 문제집은 기존의 공부를 그대로 이어 나가면 됩니다. 이렇게 고등학생이 되기 전에 탄탄히 다져 놓으면 고등학생이 되어서 국어 공부를 달릴 수 있습니다.

고등학생이 되면 본격적으로 문학 작품을 공부해야 합니다. 고등학교 1학년 때는 문학 작품 하나하나를 공부합니다. 그렇게 개별로 공부한 내용을 바탕으로 고등학교 2학년이 되면 주제가 같은 작품, 작가가 같은 작품, 시대가 같은 작품 등 작품들을 엮으면서 공부합니다. 고등학교 3학년이 되면 이렇게 공부한 내용을 제대로 익혔는지 기출문제를 통해서 계속 날카롭게 가다듬고요.

문법은 중학교 때 기초를 탄탄히 다졌다면 거기에 고등학교에서 공부하는 내용을 더하면 됩니다. 아이들이 제일 어려워하고 겁먹는 영역이 문법인데, 막상 고등학교 3학년 아이들에게는 제일 효자 영역으로 인정받습니다. 그러기 위해서는 고등학교 1, 2학년 때 나오는 문법 개념들을 완벽하게 소화해야겠지요.

비문학은 고등학생이 되자마자 선생님들이 독해 스킬, 문제풀이 스킬을 사용해서 가르칠 겁니다. 그 과정을 유심히 관찰해서 자신의 것으로 만들어야 합니다. 문제집을 많이 푸는 것도 좋지만 기출문제를 분석하는 것이 제일 좋습니다. 가장 엄선해서 선정한 지문과 문제가 기출문제니까요. **고등학교 1, 2학년 때는 최소 5개년의 기출문제를 분석해서 공부를 해 두어야 합니다.**

이렇게 국어 공부를 차근차근 다져 나간다면 충분히 최상위권의 국어 성적으로 도약할 수 있을 것입니다.

| | 독서 | 학교 국어 공부 | 수능 국어 공부 |
|---|---|---|---|
| 중 1 | 즐거운 독서 | 암기 중심의 공부 '왜?'를 생각할 것 | 현행 탄탄히 |
| 중 2 | 비문학 독서 한국 단편 소설 | | |
| 중 3 | 고전 소설 | | |
| 고 1 | 교과 세특 연계 독서 | 적용, 응용 중심의 공부 | 구슬을 만들 듯 하나하나 공부하기 |
| 고 2 | | | 1학년 때 공부한 것 엮기 |
| 고 3 | | | 기출 문제로 날카롭게 다듬기 |

※시기에 따른 국어 공부 로드맵

# 국어 영역에 따른 공부법

시기에 따라 국어 공부법을 살펴봤다면 영역별로 좀 더 자세히 살펴볼까요? 크게 문학(현대 시, 현대 소설, 고전 시가, 고전 소설), 비문학, 문법, 화법, 작문으로 나누어서 살펴보겠습니다.

## 문학 영역 공부법

문학부터 살펴보겠습니다. 중학교 국어 교과서에는 문학 작품과 비문학 작품이 함께 나옵니다. 교과서에 나오는 문학 작품은 전문을 읽어 두면 좋습니다. 간혹 중학교 교과서에 수록된 모든 문학 작품을 다 읽어야 하냐는 질문을 듣기도 합니다. 다양한 작품을 읽혀서 안목을 넓히기 위한 목적이라면 괜찮습니다. 하지만 학습적인 면을 위해서라면 굳이 다른 출판사의 작품을 읽을 필요는 없습니다.

중학생은 따로 문학 문제집을 풀 필요는 없습니다. 다양한 문학 작품을 읽는 것만으로도 충분합니다. **중학교 1학년이라면 독서의 재미를 꾸준히 느낄 수 있는 다양한 청소년 소설이면 됩니다.** 어느 정도 아이가 문학 작품을 잘 읽는다 싶으면 '한국 단편 소설'을 읽혀 주세요. 서점에서 '한국 단편 소설집'을 찾으면 여러 출판사에서 책이 나와 있습니다. 특별히 어떤 출판사의 것이 좋고 나쁜 건 없습니다. 수록 작품의 수가 조금씩 다릅니다. 개인적으로는 한 권에 수록된 작품의 수가 적은 것을 추천합니다. 작품이 너무 많으면 아이가 한 권을 읽었다는 성취감을 얻기 힘들거든요. 다소 얇더라도 한 권을 다 읽었다는 성취감이 느껴지면 다음 책을 읽을 수 있는 힘이 되니까요.

**한국 단편 소설을 다 읽었다 싶으면 고전 소설을 읽혀 주세요.** 많은 고등학생이 내용이 어렵지 않더라도 고전 소설이라는 이유만으로 읽는 것을 두려워하는 경우가 많거든요. 게다가 고전 소설은 몇백 년 전의 작품들이라 아이들과 정서가 맞지 않아서 이해되지 않거나 공감하지 못하는 경우가 많습니다. 그런 작품을 공부로 접하면 시작하기도 전에 지칠지도 모릅니다. 중학교 때 미리 읽혀서 예방접종을 하는 거지요.

**중학교 3학년 겨울 방학이 되면 문학 개념을 반드시 공부하기를 추**

천합니다. 중학교 3학년 아이들의 내신 성적 산출이 끝나고 나면 국어 수업 시간에 고등학교 1학년 3월 모의고사를 풀게 하는데요. 많은 아이가 문학 개념을 몰라서 문제를 푸는 내내 손을 들고 "선생님, 이거 무슨 뜻이에요?"를 질문했습니다. 알면 쉬운데, 몰라서 어려운 것이 문학 개념입니다. EBSi '윤혜정의 나비효과 입문 편'을 들으면 문학 개념을 잡을 수 있을 겁니다.

**문학 개념을 다 공부했다면 고전 시가를 공부하는 것을 추천합니다.** 특히 시조의 경우 국어 시험에서 답으로 출제하기 좋거든요. 또 고전 작품은 작품의 수도 현대 작품에 비해 많지 않아 끝이 있기 때문에 아이들이 공부할 때 목표 세우기에도 훨씬 수월합니다. **고전 시가를 공부하고 나면 현대 소설과 현대 시를 공부하고, 마지막으로 고전 소설을 공부하게 해 주세요.** 현대 문학은 작품의 수가 워낙 방대해서 공부해도 끝이 나지 않는 영역이라 꾸준히 공부해야 합니다. 고전 소설은 앞에서 이야기한 것처럼 시대의 차이도 있고, 아이들 역시 두려운 마음이 큽니다. 그래서 자신감이 생겼을 때 시작하는 것을 추천합니다.

고등학교 1학년 때까지는 문학 작품 공부는 '다다익선(多多益善)'입니다. 가능한 한 많은 작품을 다루고 공부해 두어야 고등학교 2학년이 되었을 때 이 작품들을 엮을 수 있습니다. 구슬이 서말이라도 꿰어야 보배라고 하지요? 고등학교 2학년 때는 새로운 작품을 배우면서 이 작품들을 엮는 과정이 필요합니다. 그렇게 공부해야 고등학교 3학년 때 어떤 작품이 나오더라도 걱정이 없습니다.

고등학교 1학년인 재혁이가 교무실에 와서 시를 해석해 달라고 한 적이 있습니다. 재혁이가 갖고 온 시집은 국어 수업 시간에는 배우지 않는 시였습니다. 재혁이는 탐구 정신이 강한 아이라 도서 관에서 시집을 발견하고 자기 나름대로 해석해 보려고 했나 봅니다. 제가 그 시를 해석해 주자 깜짝 놀라며 감탄했습니다. 고등학교 3학년 정도가 되면 저처럼 처음 보는 작품이라 해도 그동안 꾸준히 문학을 공부해 왔던 것을 바탕으로 대략적으로라도 해석할 수 있어야 합니다.

## 비문학 영역 공부법

비문학은 어떻게 공부해야 할까요? 가장 중요한 건 독서겠지요. 비문학도 마찬가지입니다. 요즘에는 비문학 갈래의 책도 딱딱하지 않고 재미있게 다루고 있는 것이 많습니다. 인터넷 서점의 카테고리 분류 중 사회정치, 역사, 인문, 예술 등을 찾으면 됩니다. 베스트셀러 영역에 있는 책들을 위주로 골라 보세요. 여러 비문학 영역의 책들을 골고루 읽혀야 합니다. 중학생 때 읽는 이 비문학책들은 나중에 훌륭한 배경지식이 됩니다.

독해 능력을 위해 꾸준히 글을 읽어야 합니다. 기초 체력이 생겼다고 운동을 그만두면 기초 체력이 떨어집니다. 읽기 능력도 마찬가지지요. 읽기 능력이 생겼다고 읽기를 훈련하지 않으면 읽기 능력은 줄어 듭니다. 고등학생 때 가장 중요한 능력 중 하나가 읽기 능력을 바탕으로 한 독해력입니다. 독해 스킬도, 문제 풀이 스킬도 필요하지만, 이 독해력이 없다면 무용지물입니다. 국어 공부를 잘하려면 독서를 계속해야 합니다. 그것이 비문학 영역 공부법의 중요한 바탕이 됩니다.

독서가 바탕이 된 뒤 비문학 문제집을 풀면 좋습니다. 중학교 1학년부터 시작하는 것이 좋지만 중학교 2학년부터 시작해도 됩니다. 중학교 1학년은 독서만으로도 충분하니까요. 독서를 많이 하는 아이는 조금 더 늦어도 됩니다. 그렇지 않다면 늦어도 중학교 2학년 때는 비문학 문제집은 풀기를 추천합니다.

비문학 문제집은 하루에 얼마나 풀어야 할까요? 많은 양을 풀지 않아도 됩니다. 하루에 지문 하나면 충분합니다. 너무 적은 것 같다고요? 걱정하지 않아도 됩니다. 비문학 문제집을 푸는 목적은 비문학 지문을 분석하는 방법과 문제 푸는 요령, 정답 찾는 요령을 찾는 것입니다. 가랑비에 옷 젖는 줄 모른다고, 적은 양으로 꾸준히 해 나가는 것이 국어 실력을 향상시키는 비법입니다. 비문학 문제집을 기본으로 어휘력이 부족하다 싶으면 어휘력 문제집을 추가하면 됩니다.

고등학생이 되면 지문 3개 정도는 풀어야 합니다. 고등학생들이 제일 많이 푸는 문제집은 '매삼비', '매삼문'인데, 그 뜻이 '매일 세 개씩 푸는 비문학', '매일 세 개씩 푸는 문학'이라는 뜻입니다. 하루에 지문 3개 정도는 기본이라는 뜻이겠지요. 물론 처음부터 그렇게 할 수는 없습니다. 고등학교 1학년 때는 지문 1개만 풀다가 조금씩 익숙해지면 지문 2개, 지문 3개로 조금씩 늘려 나가도 됩니다.

이때 주의해야 할 것이 반드시 시간을 체크하면서 풀어야 한다는 겁니다. 앞 장에서 제가 수능 문제를 풀 때 시간이 얼마나 걸리는지 계산해서 풀어야 한다고 했습니다. 매일 비문학을 푸는 목적은 독해와 문제 풀이 스킬을 익히는 것도 있지만 시간 안에 푸는 훈련을 위한 것이기도 합니다.

## 문법 영역 공부법

문법은 중학교 3년 동안 배우는 개념을 제대로 탄탄히 다져야 합니다. 중학교 1학년 때는 품사를 배우는데 품사는 문법 영역에서 가장 탄탄하게 다져 두어야 하는 파트입니다. 품사가 바탕이 되어야 문장 성분도 이해할 수 있고, 안은문장, 안긴문장까지 이해할 수 있거든요. 품사가 중학교 1학년 때 배우는 것이라 쉽게 잊고, 중요성을 인지하지 못하는 경우가 많은데 절대 그래서는 안 됩니다. 중학교 2학년 때는 한글의 창제 원리, 표준 발음법에 대해 공부하고, 중학교 3학년 때는 음운론, 통일 국어, 문장의 짜임에 대해 공부합니다. 이 부분들도 다음 학년이 되면 배울 수 없으니 탄탄하게 공부하고 넘어가야 합니다.

중학교 때는 확장해서 문법 문제집을 풀거나 더 공부하지 않아도 됩니다. 수업 시간의 내용만 꼼꼼하게 공부하고, 시험 준비만 철저하게 하면 됩니다. 군이 선행을 할 필요는 없다는 뜻입니다. 공부할 것도 많은데 중학생 아이가 문법 문제집에까지 에너지를 쓰게 하지 마세요.

고등 국어는 중학 국어의 문법을 바탕으로 확장됩니다. 중학 국어를 제대로 정리해 두어야 고등 국어도 수월하게 공부할 수 있습니다. 문법은 처음에는 공부하기 좀 까다롭습니다. 암기해야 할 것이 많거든요.

익힐 때 제대로 익힌다면 잘 틀리지 않는 효자 영역이기도 합니다. 국어를 공부를 잘하려면 '국어 감'이 필요하다고 이야기하는데 국어의 여러 영역 중 '국어 감'의 영향이 가장 적은 영역입니다. 정답인 명확한 근거가 있고 규칙이 있어서 문제가 깔끔합니다. 기본 뼈대만 잡아 놓으면 공부할 때 어렵지 않은 영역이기도 합니다. 대신 조금이라도 모르면 전혀 손을 댈 수 없는 영역이기도 합니다.

**중학교 3학년 겨울 방학 때 중학교 문법을 정리합니다.** 이때 주의할 점이 있습니다. 문법 영역의 강의는 문법 공부를 시작하기 위해서 강의를 듣는 것이 아닙니다. 이미 수업 시간에 배워서 알고 있었던 문법 지식을 정리하기 위한 것입니다. 중학교 때 문법 공부를 하지 않아서 개념을 잘 모르면 다시 중학교 국어 교과서를 보면서 스스로 공부해야 합니다. 그것이 힘들면 중학교 문법 문제집을 통해 기본 개념을 다시 공부해야 합니다.

문법 개념을 정리한 뒤 문법 문제집을 풉니다. 문법 문제집은 너무 두꺼울 필요는 없습니다. 이미 문법 정리가 되었기 때문에 설명이 자세하게 나온 것보다 문제가 많은 것이 좋습니다.

## 화법 영역 공부법

어렵지는 않지만 의외로 아이들이 난감해하는 영역이 화법입니다. 듣기·말하기일 뿐인데, 도대체 이걸 어떻게 '공부'해야 하는지 질문을 많이 하더라고요. 맞습니다. 듣기·말하기이기 때문에 '학습'으로 공부할 내용은 많지 않습니다. 평소 듣기·말하기를 잘했다면 평소 자신의 대화를 생각해 보고, 어떻게 해야 할지 생각하면서 공부하면 됩니다. 중학교 국어 시간에 토의하기, 토론하기, 발표하기 등의 다양한 듣기·말하기에 대해서 공부합니다.

고등학생이 되면 여러 대화들을 좀 더 섬세하게 공부합니다. 문법 영역과 겹치는 부분도 있습니다. 화법은 제 학년이 되었을 때 공부하면 충분합니다.

## 작문 영역 공부법

작문 영역도 꾸준히 글을 썼다면 어렵지 않을 겁니다. 중학교 국어 시간에 주장하는 글쓰기, 설명하는 글쓰기, 보고하는 글쓰기 등 다양한 쓰기 활동을 합니다. 이때 글쓰기 과정을 제대로 내면화해 놓는다면 성적도 성적이지만 어떤 글을 쓰든지 문제없습니다. 고등학생 때도 마찬가지이고요. 비문학과 연계해서 작문 공부를 한다면 성적도 걱정할 필요 없습니다.

## 영역별 개념 노트

단순하게 국어 교과서를 읽는 것이 국어 공부가 아닙니다. 교과서의 각 영역을 보고 그 영역의 특성에 맞게 지문을 독해하고 학습활동을 풀고 국어 개념을 외워야 합니다. 특히 중학교 국어 교과서에는 국어 개념이 많이 나옵니다. 이 개념들은 고등 국어의 기본이 됩니다. **국어 개념이 나올 때마다 개념 노트를 만들어 보세요.** 국어 영역별로 노트를 따로 만들거나 노트가 한 권이라면 탭을 따로 만들어서 영역별로 분리해서 정리합니다.

국어 개념 노트는 중학생 때뿐 아니라 고등학생이 되어서도 꾸준히 이어 나갑니다. 이 개념 노트는 아이의 국어 공부에 큰 도움이 됩니다. 다른 사람이 정리해 놓은 개념이 아니라 내가 정리한 개념이라서 나중에 찾더라도 기억이 더 잘 납니다.

개념 정리도 문제집으로 하려면 중학 국어, 고등 국어 따로 되어 있는데 자신이 만들면 연계해서 정리할 수 있습니다. 고등 국어 개념을 정리할 때 중학교 때 정리한 이 노트를 다시 보면서 복습도 가능합니다.

이렇게 공부하면 국어 최상위권은 문제없습니다.

| | 문학 | 비문학 | 문법 |
|---|---|---|---|
| 중 1 | 청소년 문학 | 비문학 독서<br>비문학 문제집 | 현행 철저히 |
| 중 2 | 한국 단편 소설 | 비문학 독서<br>비문학 문제집 | |
| 중 3 | 고전 소설 | 비문학 독서<br>비문학 문제집 | |
| 고 1 | 문학 개념 공부<br>문학 작품 공부 | 비문학 문제집<br>(기출문제) | 중학교 문법 정리<br>현행 철저히 |
| 고 2 | 1학년 때 공부한 것<br>엮기 | 비문학 문제집<br>(기출문제) | 현행 바탕으로<br>문제집 풀기 |
| 고 3 | 기출 문제 통해<br>날카롭게 다듬기 | 비문학 문제집<br>(기출문제) | 문제집으로 유형 익히기 |

※국어 영역별 국어 공부 로드맵

# 국어 교과서
# 수업 듣기

**국어 공부를 잘하기 위해서 중요한 것은 무엇일까요? 첫째는 교과서입니다.** 선생님들은 교과서의 내용을 바탕으로 수업을 구상합니다. 교과서 내용 중에서 보완해야 할 부분을 프린트물로 만들기도 하고요. 수업의 기본은 국어 교과서라고 할 수 있겠지요.

요즘 교과서는 옛날과 달라서 교과서에 모든 내용이 담겨 있지 않습니다. 교육과정도 점차 교사의 재량을 강조하는 쪽으로 바뀌고 있고요. 교과서가 중요한 건 맞지만 교과서만 읽기에는 무언가 부족한 마음이 듭니다. 교육과정의 변화로 교과서에도 여백이 많거든요. 그 여백은 선생님이 수업 시간에 채웁니다. 아무리 교과서만 열심히 공부해도 국어 성적이 안 나오는 이유가 이것입니다.

생각보다 많은 아이가 수업을 열심히 듣지 않습니다. 수업을 준비한 선생님의 마음이 상할 만큼 대놓고 수학이나 영어 문제집을 책상에 펼쳐 놓고 문제를 푸는 경우도 많습니다. 그러다가 시험에 나올 것 같은 답을 선생님이 말하면 "다시 말해 주세요."라고 이야기하며 그 부분만 답을 채웁니다.

국어 공부에서 독서가 중요한 이유 중 하나가 글 전체의 흐름을 파악하기 위해서입니다. 수업을 그렇게 들어서는 국어 수업 전체의 흐름을 파악하기 힘든 것이 확실한데 희한하게 아이들은 그렇게 공부해도 괜찮다고 이야기합니다.

하지만 결코 그렇지 않습니다. 선생님들은 교과서에 있는 빈칸의 문제만을 시험 문제로 만드는 게 아니거든요. 수업 시간 중 다루었던 어떤 부분이라도 시험 문제가 될 수 있습니다. 필기하라고 이야기하지 않거나 빈칸 부분이 아닌 다른 부분을 설명한 내용도 시험 문제로 만듭니다. 수업 시간에 빈칸만 채워서는 시험에서 결코 좋은 성적을 받을 수 없습니다.

중학교 때까지는 교과서를 제대로 읽고 수업을 충실히 잘 들으면 국어 성적을 잘 받을 수 있습니다. 수업 전에 교과서를 가볍게 보고 수업 시간에는 선생님의 말씀을 집중해서 들어야 합니다. 선생님과 눈을 마주치면서 고개도 끄덕이고 집중하는 모습을 보여야 합니다. 실제로 집중하지 않았다 하더라도 그러한 행동만으로 집중력을 이끌 수 있습니다.

많은 아이가 선생님들이 자신들을 잘 모른다고 생각하는데, 1년 동안 수업을 하다 보면 교실의 모든 아이를 다 알게 됩니다. 모르고 싶지만 모를 수가 없습니다. 그러니 선생님이 나를 모를 거라고 생각하여 건성으로 수업을 들으려는 생각을 버려야 합니다. 어차피 선생님이 나를 알고 있으니 이왕이면 선생님과 좋은 관계를 유지한다고 생각하고 반듯한 자세로 선생님의 수업을 잘 듣는 것이 여러모로 이득입니다. 나중에 교과 세특을 쓸 때도, 수업 태도가 좋은 아이가 써 줄 수 있는 말이 더 많거든요.

**수업 시간에 선생님의 말씀을 잘 들으라는 말은 수업을 집중해서 들으면서 교과서에 필기를 꼼꼼하게 하라는 뜻입니다.** 물론 수업 시간에 집중해서 '듣는' 것도 중요합니다. 하지만 나중에 복습할 때 필기한 것이 없으면 내가 무엇을 배웠는지 떠올리기도 힘듭니다. 수업 시간 중 선생님이 말씀하시는 내용 중에서 중요하다고 생각이 되는 것은 필기하고, 선생님이 강조하는 것도 필기해야 합니다.

시험 기간이 되면 수업 시간에 필기한 것과 교과서를 중심으로 공부합니다. 내가 필기한 것 중에서 이해가 잘되지 않는 것이 있다면 선생님께 질문해야 합니다. 선생님께 질문할 때 이렇게 질문해도 되나 싶을 정도로 허술하게 질문해도 선생님은 찰떡같이 알아듣습니다. 질문에 대해 걱정할 필요 없습니다. 교과서를 철저하게 공부했다는 생각이 들면 문제집을 푸는 것도 좋습니다. 문제집을 풀면서 교과서를 잘 이해했는지 확인하는 거죠. 똑같은 문제가 나올 가능성은 거의 없지만 문제집의 여러 문제를 통해 평가에 대비할 수도 있습니다.

　중학교 때 이런 학습 습관이 올바로 잡혀 있어야 고등학교 때도 수업 시간에 수업을 집중해서 잘 들을 수 있습니다. 고등학교 시험 문제가 교과서 외에서도 출제된다고 하지만 수업 시간에 영 다루지 않은 생뚱맞은 내용을 시험 문제로 출제하는 경우는 거의 없습니다. 고등학교 시험 문제도 결국 수업 시간 집중하는 것이 우선입니다.

## 공부 습관 만들기

공부를 잘하려면 첫째는 수업 시간 집중하기, 둘째는 자신만의 공부 습관 만들기를 해야 합니다. 중학생 때는 수업 시간에 집중하는 것만으로 성적이 어느 정도 나옵니다. 하지만 자신만의 공부 습관을 형성하지 않으면 학년이 올라갈수록 성적이 떨어집니다.

　중학생 때는 자신에게 맞는 공부 습관을 찾는 시기입니다. 이미 그전에 자신에게 맞는 공부 습관을 찾아서 공부를 잘하면 금상첨화지만 대부분 그렇지 못합니다. 시행착오를 겪으면서 자신만의 공부 습관을 찾아야 합니다. 고등학생에게 내신이 생명인데, 그때 시행착오를 겪으면 안 됩니다. 그나마 성적의 영향이 적은 중학교 때 공부 습관을 만들어야 합니다.

　자신만의 공부 습관이 형성되면 효율적으로 공부할 수 있습니다.

중학교 때는 공부와 관련된 마인드셋을 하는 영상이나 책을 읽으면서 공부를 왜 해야 하는지를 느끼게 해야 합니다. 시중에 중학생의 공부 방법에 대한 책이 많습니다. 여러 책을 읽으면서 자신에게 맞는 공부 습관을 찾아야 합니다. 공부에 대한 방황은 중학교 때 마무리 지을 수 있게 도와주세요.

가장 먼저 해야 할 일은 환경적인 변인을 통제하는 것입니다. **매일 공부해야 하는 일정한 시간과 장소를 정합니다. 공부 양도 일정해야 합니다.**

이러한 바탕에서 세부적인 공부 습관을 어떻게 할 것인지 찾아야 합니다. 아이마다 조금씩 다르겠지만 국어 교사로서 국어 공부 습관을 어떻게 잡아야 할지 말씀드릴게요. 국어는 하루에 많은 양을 공부할 필요는 없습니다. 적은 양을 하되, 매일 해야 합니다. 근육을 만드는 것처럼 매일매일 조금씩 하다 보면 어느새 국어 실력이 쑤욱 자랄 겁니다

중학생이라면 우선 독서를 해야 합니다. 문법 등의 암기를 해야 하는 단원이 아니라면 평소에 교과서를 아주 열심히 볼 필요는 없습니다. 수업 전에 가볍게 교과서를 보면서 이번 시간에 무엇을 배우는지 확인하고 수업 시간에 집중하면 됩니다. 수업이 끝나고 나면 수업 시간에 무엇을 배웠는지 생각하고 배운 내용을 간단히 복기합니다.

만일 문법 단원을 배운다면 문법 단원을 배우기 전에 교과서를 반드시 읽어 보고 무슨 뜻인지 이해가 안 되는 부분은 표시해 두었

다가 수업 시간에 집중해서 듣습니다. 끝나고 나면 반드시 제대로 이해했는지 확인하고요. 그 외에 학교 공부와 상관없이 하루에 비문학 문제집의 지문 하나씩 꾸준히 풀게 해 주세요.

고등학생이라도 독서가 필요하긴 합니다. 고등학생은 수능을 대비하기 위해 문학, 비문학, 문법 공부를 동시에 해야 합니다.

많은 사람이 내신 따로 수능 따로라고 이야기하는데 절대 그렇지 않습니다. 고등학교 선생님들은 수능 문제를 풀면서 그것을 수업에 어떻게 적용해야 할지 고민합니다. 내신 공부에 수능 공부가 녹아 있는 겁니다. 그러니 평소 수능용 공부를 하면서 수업 전에 교과서의 내용을 가볍게 보고 오늘 무엇을 배울 것인지 미리 살펴야 합니다. 그리고 수업 시간에는 내가 알고 있는 내용과 선생님이 수업하는 내용을 서로 엮으면서 수업 내용을 이해해야 합니다. 수업 시간에 딴생각할 여유가 없지요. 수업이 끝나고 나면 수업 내용 중 내가 이해하지 못한 내용은 무엇인지, 제대로 이해했는지 확인해야 합니다. 만약 부족한 부분이 있다면 선생님께 질문해서 완벽하게 내면화해야 합니다. 이것이 내신 공부를 했지만 수능 공부도 함께 하는 방법입니다.

스터디 플래너, 타이머 등을 활용해서 학습 계획을 세우고 자신의 공부량을 체크하면 훨씬 더 도움이 되겠지요. 실제로 중학생 일부와 고등학생 대부분은 학습 플래너와 타이머를 활용합니다. 매일 할 일을 기록하고, 다 하면 체크하고 하루가 끝날 무렵 그날의 공부에 대해 반성하는 시간을 갖습니다.

공부 습관을 잡으면 자기 주도적으로 학습할 수 있습니다. 공부가 재미있는 아이보다 하기 싫더라도 해야 하기 때문에 공부하는 아이가 훨씬 더 많습니다. 그러려면 추상적인 공부를 눈에 보이게 해야 합니다. 스터디 플래너와 타이머가 그 역할을 톡톡히 하고요. 도구의 도움을 받아 공부 습관을 만들면 스스로 공부하는 자기 주도적 학습 능력이 키워집니다.

## 지필평가와 수행평가

중고등학교에서 성적은 지필평가와 수행평가를 통해서 산출합니다. 지필평가는 중간고사와 기말고사를 지칭하는 것이고, 수행평가는 수업 중 학생들의 활동을 평가하는 것입니다. 지필평가와 수행평가를 적절한 비율로 반영하여 한 학기의 성적을 산출합니다. 이 반영 비율은 학교마다 과목마다 선생님마다 다 다릅니다.

중학교의 경우 지필평가는 철저히 교과서 내용과 수업 시간 가르친 내용으로 평가하고, 수행평가는 교과서에서 제시된 활동으로 하는 경우가 많습니다. 교과서의 어느 부분을 어떻게 수행평가로 운영할 것인지는 선생님의 재량이고요. 대부분은 교과서 내의 학습 목표를 달성할 수 있는 활동으로 수행평가를 실시합니다.

고등학교는 아무래도 최상위권 아이들의 등수를 산출해야 하니 평가의 난도를 높이기 위해 지필평가에서 교과서 외의 내용을 바탕으로 평가하기도 합니다. 그래도 중학교 때와 마찬가지로 수업 시간의 내용이 바탕이 됩니다.

지필평가나 수행평가에서 선생님들이 아이들에게 엄청난 것을 요구하지는 않습니다. 주어진 조건에 맞추어서 문제를 풀거나 글을 쓰거나 발표하면 됩니다. 선생님들은 채점할 때 문장이 다소 어색하거나 발표가 자연스럽지 않더라도 주어진 조건을 만족했다면 감점하지 않습니다.

평가의 목적은 점수를 깎기 위한 것이 아니라 아이들이 수업을 잘 듣고 제대로 이해했는가 확인하는 것입니다. 평가 전에 어떻게 평가를 할 것인지 설명합니다. 평가의 내용은 수업 시간에 선생님이 다루었던 내용이고요. 지필평가나 수행평가도 선생님의 수업만 잘 들으면 충분히 할 수 있다는 의미입니다.

국어 시험지를 본 적 있나요? 국어 시험지는 다른 과목보다 더 많습니다. 다른 과목은 시험지가 1장에서 2장이라면 국어 시험지는 최소 2장에서 5장까지도 있습니다. 그 이유는 다른 과목 시험지는 문제만 있지만 국어 시험지에는 그 문제를 풀기 위한 지문을 싣기 때문입니다.

이미 수업 시간에 다 배워서 알고 있는 교과서의 본문이 왜 시험지에 다시 지문으로 나올까요? 아이들은 그 지문이 없어도 문제를 풀 수 있는 경우가 많은데 말이죠.

그것은 바로 국어가 도구 교과이기 때문입니다. 국어는 단순히 지식을 암기해서 그 지식을 제대로 암기하고 이해했는지 묻는 과목이 아닙니다. 지식을 배우더라도 그것을 어떻게 실제 상황에 적용해야 하는지 공부해야 합니다. 평가 역시 그런 식으로 나오는 거죠.

물론 지문의 내용을 다 알고 있을 수 있습니다. 하지만 문제를 읽고, 수업 시간에 배웠던 지식적인 부분을 떠올려 지문에서 그것을 찾아 적용해서 문제를 풀어야 합니다. 자연스러운 사고 과정을 위해서 시험지에 교과서에서 다루었던 지문을 싣는 거죠.

그렇다고 교과서 내용을 다 싣지 않습니다. 선생님들은 문제를 풀기 위해 필요한 부분만 발췌해서 싣습니다. 선생님이 수업 시간에 그 지문을 어떻게 읽어야 하는지 설명했을 거고요. 문제를 풀 때도 수업 시간에 배웠던 내용을 떠올리며 요령껏 지문을 분석하면서 풀어야 하는 거죠.

수행평가도 마찬가지입니다. 선생님들은 학기가 시작하기 전 국어 교과서를 살피면서 어떤 부분을 수행평가로 평가할지 계획합니다.

저의 경우 글쓰기 단원을 수행평가로 계획합니다. 글쓰기의 이론적인 내용을 외워 봤자 아이들의 실제적인 학습에는 도움이 되지 않고, 글쓰기의 이론적인 내용을 바탕으로 직접 그 과정을 따라 글을 써 봐야 이론적인 내용이 체득되기 때문이죠.

또 읽기나 듣기보다 말하기나 쓰기와 같은 표현의 과정이 평가하기에 편한데, 말하기보다 쓰기가 시간적 여유를 갖고 평가 기준에 따라 평가하기가 좋더라고요.

선생님마다 수행평가 선정 기준은 조금씩 다르겠지만 교과서

일부를 바탕으로 수행평가를 한다는 사실만은 다르지 않습니다. 수업 시간에 수행평가를 어떻게 할 것인지 수행평가 일자, 과정, 평가 기준 등을 상세히 안내합니다. 수행평가도 수업 시간에 얼마나 충실하게 참여하는가가 평가의 기준이 된다는 의미입니다.

수업을 잘 듣는 것은 공부 습관을 잡기 위해서도, 좋은 성적을 받기 위해서도 아주 중요합니다.

# 똑똑한
# 교과서
# 읽기

학교 공부를 잘하려면 교과서를 잘 읽어야 한다는 것은 앞서 이야기했습니다. 그렇다면 교과서를 어떻게 읽어야 똑똑하게 잘 읽을 수 있을까요?

## 교과서와 지필평가

국어의 경우 학교나 지역에 따라 차이는 있겠지만, 대체로 중학교는 절대평가라 모든 아이가 100점이라면 모두에게 A등급을 줄 수 있습니다. 문제를 아주 어렵게 꼬아서 출제할 필요가 없습니다.

대체로 교과서를 바탕으로 수업했던 내용을 그대로 시험 문제로 내는 편입니다.

고등학교는 다르지요. 만일 전교생이 100점을 받으면 1등급이 나오지 않아 난리가 날 겁니다. 성적으로 등수를 내서 등수에 따라 등급을 내야 하므로 중학교 때처럼 교과서의 내용을 그대로 시험 문제로 낼 수 없습니다. 그래도 교과서가 바탕임은 마찬가지입니다. 고등학교에서는 주로 수업했던 내용을 응용해서 시험 문제를 만듭니다.

예를 들어, A라는 내용을 배웠다면 중학교에서는 'A에 대해서 서술하시오.'라는 단순한 문제 유형으로 출제합니다. 하지만 고등학교에서는 낯선 작품을 제시하고 '이 작품을 A의 내용을 바탕으로 서술하시오.'라는 응용 유형의 문제를 출제하는 방식입니다.

지필평가를 잘 준비하기 위해서는 교과서 내용을 이해하고 수업 시간에 선생님의 말씀에 집중하면서 필기도 꼼꼼하게 해야 합니다. 자습서나 참고서, 인강만으로는 완벽한 시험 준비를 할 수 없습니다. 수업 시간 선생님의 강의 안에 지필평가의 답이 모두 있습니다.

생각해 보세요. 시험 문제는 그 수업을 하는 선생님이 출제하는 것입니다. 만일 수능 출제자가 직강을 한다고 하면 수능 문제를 다 맞히기 위해서 집중해서 수능 출제자의 강의를 열심히 들을 겁니다. 지필평가도 마찬가지입니다. 매일 만나는 사람이라서 그 중요성을 잊고 있을 뿐, 아이들은 지필평가 출제자의 강의를 듣고 있는 것입니다.

내신 성적을 잘 받으려면 출제자의 강의를 집중해서 들어서 수업을 자기 것으로 만들어야 합니다. 그러면 지필평가에서 출제자가 원하는 답을 정확하게 쓸 수 있습니다.


## 서술형, 논술형 평가

서술형, 논술형 평가라는 말을 처음 들으면 막연하고 어렵게 느껴집니다. 아이들도 시험을 보기 전에는 긴장하지요. 하지만 막상 시험을 본 아이들에게 서술형이라서, 논술형이라서 문제가 어려웠냐고 물어보면 그다지 어렵지 않았다고 말합니다. 특별히 서술형이거나 논술형이라서 어려웠던 건 아니라고 합니다. 객관형이었다면 다 맞을 수 있었을 것 같냐고 물으면 고개를 저으며 서술형이거나 논술형이거나 객관형이거나 비슷하게 느껴진다고 합니다.

오히려 서술형이나 논술형은 문제에 집중할 수 있는데, 객관형의 경우 매력적인 오답 때문에 더 헷갈리는 경우도 많다고 합니다. 불안한 마음으로 출제했던 저도, 아이들의 그런 말을 들으면 안심이 됩니다.

서술형 문제나 논술형 문제로 불안해할 필요 없습니다. 서술형 문제나 논술형 문제의 틀은 교과서를 보면 쉽게 찾을 수 있습니다. 교과서 학습활동 문제가 서술형이나 논술형 문제의 유형이라고 보면 됩니다. 객관적이지 않을까 걱정하시는 분들이 있는데, 선생님들도 그런 우려를 잘 압니다. 그래서 객관형보다 더욱더 채점 기준을 꼼꼼하게 세우고 그 기준에 맞추어서 채점합니다.

저의 경우에는 한 아이의 시험지를 1번부터 8번까지 문제를 다 채점하고 다음 아이의 시험지를 다시 1번부터 8번까지 채점하면 채점 기준이 헷갈리는 경우가 있어서 전교생의 1번만 먼저 채점하고, 그다음으로 전교생의 2번만 채점합니다. 그래야만 좀 더 집중적으로 채점할 수 있더라고요. 대부분 선생님이 자신만의 객관적인 방법으로 서술형이나 논술형 문제를 채점합니다.

수업 시간에 어떤 방식으로 출제하겠다는 것을 암시하기도 하고요. 그러니 서술형이나 논술형 문제만을 위해 특별히 다른 공부를 할 필요는 없습니다. 교과서의 내용을 꼼꼼하게 보고, 교과서에 충실하게 공부하면 됩니다.

## 교과서와 수행평가

수업 중 다양한 활동 과정과 그 결과물을 함께 평가하는 것이 수행평가입니다. 수행평가는 수업 중의 활동 과정을 평가하는 과정 중심 평가이지요. 수행평가가 수업 중에 이루어지다 보니 교과서 내용을 바탕으로 하는 경우가 많습니다.

수행평가라고 해서 지필평가를 대비하는 방법이나 지금까지 공부하던 방법과 크게 달라지거나 평가를 위한 특별한 준비가 필요하지 않습니다. 평소처럼 수업에 참여하고 활동하는 것으로 충분합니다.

수행평가를 할 때 선생님은 아이들의 수업 내용을 평가하고 등급을 매기는 감독관의 역할을 하는 것이 아닙니다. 아이들이 수업에 참여하는 모습을 가까이에서 관찰하고, 도움이 필요하면 도와주는 조력자의 역할을 합니다. 아이들과 함께 수업을 만들고 아이들이 얼마나 성장하는지 변화 과정을 살펴보는 운명 공동체인 거지요.

수행평가는 아이들의 점수를 깎기 위한 평가가 아닙니다. 오히려 지필평가는 0점에서 시작해서 정답을 맞히면 점수가 올라가서 100점이 되는 방식이라면, 수행평가는 100점에서 시작해서 채점 기준에 맞지 않을 경우 점수가 깎이는 방식입니다. 방향이 반대이지요.

수행평가 이전에 선생님들이 채점 기준을 적은 종이를 교실마다 부착하면서 학생들에게 자세하게 안내합니다. 교과서에 있는 단원 중 어느 단원과 연계해서 평가하는지도 안내하고요. 그 단원의 학습 목표를 통해서 선생님이 무엇을 평가하고자 하는지 미리 짐작해 둔다면 수행평가에서 좋은 성적을 받을 수 있습니다.

수행평가 기준은 대체로 최소한의 기준이기 때문에 기준점이 그다지 높지 않습니다. 수업 시간에 수업에 충실히 참여한다면 충분히 좋은 점수를 받을 수 있는 경우가 대부분입니다.

중학교 선생님들은 지필평가가 아닌 수행평가에서 기준 이하의 낮은 점수를 받으면 아이의 학교생활을 점검할 필요가 있다고 강조

합니다. 지필평가와 수행평가는 둘 다 내신 성적 산출에 중요한데, 수행평가는 수업 중에 이루어지므로 많은 아이가 그 중요성을 느끼지 못합니다.

그 시간에 다른 과목 공부를 하거나 멍하게 앉아 있는 등 수업에 집중하지 않고 있다가 지필평가 기간이 되면 지필평가 준비만 철저히 하는 경우가 있거든요. 그러면 지필평가 성적은 잘 나오는데, 수행평가 성적은 엉망이 되어 두 점수를 합하면 내신 성적이 좋지 않습니다. 아이가 학교생활에서 성실한지가 궁금하다면 지필평가보다 수행평가를 좀 더 유심히 살펴야 하는 이유가 이것입니다.

어떤 다양한 이름의 평가 방식이 나온다고 하더라도 절대 흔들릴 필요 없습니다. **결국 어떤 평가든 교과서 내용이 중심입니다.** 교과서에 충실하게 공부한다면 무서울 것이 없습니다.

## 출판사마다 내용이 다른 국어 교과서

2022 교육과정이 되면서 초등학교 교과서도 국정 교과서에서 검인정 교과서로 많이 바뀌었습니다. 그런데 중고등학교 교과서는 이미 그 이전부터 검인정 교과서였습니다. 학교마다 교과서의 내용이 다 다르다는 이야기지요. 검인정 교과서는 학교마다 교과 선생님들이 여러 출판사의 교과서를 보고 어떤 교과서가 우리 학교 학생들에게 가장 적절할 것인지를 검토하고 회의하여 선택합니다. 결국 학

교마다 국어 교과서가 다 다르겠지요. 그래서 학교에서 어떤 출판사의 교과서를 선택했는지 반드시 알아야 합니다.

사회나 과학 교과는 사실적인 지식을 가르치는 내용 교과입니다. 출판사와 상관없이 가르치는 내용이 거의 유사합니다. 그래서 문제집을 선택할 때도, 반드시 학교에서 선택한 출판사의 문제집을 선택하지 않아도 충분히 공부할 수 있습니다.

그에 반해 국어 교과는 다른 교과를 학습하는 수단이 되는 도구 교과입니다. 국어 교과는 그 과정을 익혀야 합니다. 학습 목표가 같다 하더라도 제재가 달라지면 수업 내용이 완전히 달라집니다. 학교에서 선택한 교과서의 출판사에 따라 공부해야 할 내용이 다릅니다. 무슨 말이냐고요?

학습 목표가 '비유와 상징의 효과를 알 수 있다.'라고 가정하겠습니다. 이 단원의 학습 목표는 '비유와 상징의 효과를 안다.'입니다. 학습 목표를 달성하기 위해서 선생님은 비유와 상징의 효과를 설명합니다. 비유와 상징이 어떤 것인지에 대해 알았습니다. 그러면 실제 작품에서 비유와 상징이 어떻게 쓰였는지 알아야겠지요. 그 다음으로 비유와 상징을 실제로 사용해 보고 그 효과를 느껴야 합니다.

비유와 상징을 설명하기 위해 A 출판사에서는 '돌담에 속삭이는 햇발(김영랑)'을 제시하고 B 출판사에서는 '햇비(윤동주)'를 제시했습니다. 교과서 구성을 살펴볼까요? A 출판사와 B 출판사 둘 다 비유와 상징의 개념에 관해 설명되어 있습니다. 여기까지는 내용이 같습니다. 문제는 그다음입니다.

개념을 알았다면 실제로 작품에서 비유와 상징이 어떻게 사용되었는지, 그 효과는 어떤지 알아야겠지요. A 출판사의 '돌담에 속삭이는 햇발'과 B 출판사의 '햇비'를 읽고 비유와 상징을 사용하고 있는 부분을 찾습니다. 그리고 이 비유와 상징이 어떤 효과가 있는지도 생각합니다.

이해한 비유와 상징의 개념을 바탕으로 비유와 상징이 드러난 시어를 찾는 과정은 같습니다. 하지만 작품이 다릅니다. 당연히 비유와 상징이 드러난 시어가 다르겠지요. 각각 시에서 그 시어가 비유하는 것이 무엇인지, 상징하는 것이 무엇인지 짐작한 다음 시어들의 비유와 상징의 효과를 살펴봅니다.

이렇게 알게 된 비유와 상징의 개념과 효과를 활용해서 비유와 상징이 드러난 시를 지어 봅니다. 아이마다 다른 다양한 시들이 나올 겁니다.

한 단원의 수업이 끝났습니다. 대략 3차시 정도의 시간이 소요되었습니다. 아이들은 이제 비유와 상징의 개념을 알고, 그것이 시에서 어떻게 사용되었는지 알게 되었습니다. 게다가 실제 비유와 상징을 사용하여 시도 써 보았습니다. 학습 목표를 달성하였습니다.

그러나 수업은 거기서 끝나지 않습니다.

김영랑 시인이나 윤동주 시인이 나왔는데 이 시인들에 대해서 알아야 아이들도 시에 관심을 가지고 읽겠죠. 그 시인들이 태어나서 살아왔던 시대, 또 그 시인들의 삶에 대해서도 살펴봅니다.

김영랑 시인과 윤동주 시인은 위의 두 작품만 쓴 것이 아닙니다. 이 시인들의 다른 작품도 살펴봅니다. 이왕 시가 나왔는데 시에서 비유와 상징의 효과만 살필 수는 없습니다. 시의 내용도 공부합니다. 시 자체의 느낌이나 아름다움, 이 시가 가지고 있는 가치 등에 대해서 생각합니다.

한 단원이 끝나고 아이들은 A 출판사와 B 출판사에서 나온 두 시를 통해서 '비유와 상징'의 개념을 알고 그 효과를 알게 되었습니다. 하지만 교과서마다 작품이 달라 세부적인 교과서 속 내용은 다릅니다.

중학생들은 자신이 배운 작품에서 '비유와 상징'은 찾고 설명할 수 있지만 아직은 다른 작품에 문학 개념을 적용해서 설명하는 것까지는 어렵습니다. 학습 목표는 같지만, 작품이 달라지면서 수업 내용이 달라진 것이죠.

시험은 어떻게 나올까요?

학습 목표를 확인하기 위해서만 시험 문제를 낼 수는 없습니다. 아이들은 수업 시간에 다루지 않은 작품에서 비유와 상징을 찾아낼 수 있어야 합니다. 중학생들은 발달 단계상 아직 적용의 단계에 이르지도 못했고, 그 단계까지 훈련도 되지 않았기 때문에 시험 문제로 출제하기에 부적절합니다.

수업 시간에 배웠던 시에 관한 내용을 시험 문제로 다루어야 합니다. 수업 시간에 배웠던 시인이나 시 자체의 내용에 대한 것들을 시험 문제로 출제합니다. A 출판사 국어 교과서로 수업을 들은 아이와 B 출판사 국어 교과서로 수업을 들은 아이는 수업 시간에 배우는 내용도 다르고, 시험 문제도 다를 수밖에 없습니다.

똑똑하게 국어 교과서로 국어 공부를 잘하려면 먼저 아이가 다니는 학교의 국어 교과서 출판사를 알아야 합니다. 국어 교과서에서 다루어야 하는 학습 목표는 어느 출판사나 같습니다. 그러나 학습 목표를 구성하는 내용은 출판사마다 다 다릅니다. 그러니 아이가 다니는 학교의 국어 교과서의 내용에 맞춰서 국어 공부를 다르게 해야 합니다.

그것이 바로 똑똑하게 국어 교과서를 공부하는 방법입니다.

# 국어 교과서의
# 개념은
# 수학 공식처럼
# 외워야 한다

효준이가 교무실로 낡은 시집을 하나 가지고 왔습니다.

쭈뼛쭈뼛하더니 질문합니다.

"선생님, 이 시 해석 좀 해 주세요. 현우랑 이 시를 어떻게 해석해야 할지 도서관에서 싸우다가 왔어요."

"무슨 신데?"

1980년대에나 만들어졌음직한 오래된 시집이었습니다. 이런 시집이 아직 학교 도서관에 있다는 것도 신기할 지경이었습니다. 게다가 처음 보는 시입니다. 시 자체는 어렵지 않았습니다. 간단하게 시를 설명해 주었습니다. 효준이는 수업 시간에 제일 앞자리에 앉아서 집중하며 수업을 듣는 아이입니다. 그런 아이에게 시에 관한 해석만 하고 보내기 아쉬웠습니다. 수업 시간에 배웠던 것을 연결해 주어야겠다고 마음을 먹었습니다.

"근데 효준아. 여기 이거. 지난번에 수업 시간에 시 배울 때 화자 설명했던 거 기억나? 그 화자의 어조가……."

시 수업 시간에 배웠던 시의 개념을 연결해서 시를 다시 설명해 주었습니다. 효준이는 수업 시간에 그 시에서 배웠던 개념이 다른 시에도 쓰일 줄 몰랐다면서 놀라워했습니다. 또 수업 시간에 배운 시는 공부할 때만 쓰는 줄 알았는데, 수업 시간에 배운 시의 개념으로 처음 보는 시를 해석할 수 있다는 것에 놀랐습니다. 교과서에서 배운 작품은 교과서에서만 나온다고 생각했는데, 이렇게 다른 작품을 해석할 때도 쓸 수 있다는 것이 너무 신기하다며 인사를 하고 교무실을 나갔습니다.

수학을 공부할 때 공식은 매우 중요합니다. 수학 공식을 모르면 문제를 풀 수 없기 때문입니다. 수학 공식을 공부할 때는 수학 공식이 나오게 된 배경과 그 과정을 충분히 이해한 다음, 수학 공식을 외워야 합니다. 그래야 수학 문제를 봤을 때, 어떤 수학 공식을 사용해서 문제를 풀 건지 생각할 수 있습니다.

### 국어에도 개념이 있다

국어도 마찬가지입니다. 많은 사람이 국어는 암기가 필요 없는 이해 과목이라고 생각합니다. 또 책을 많이 읽으면서 '감'을 잡아 나가는 과목이라고 생각합니다. 수학처럼 눈에 보이는 명확한 이론이 없다고 생각합니다.

하지만 결코 그렇지 않습니다. 국어도 공부를 잘하려면 반드시 공부해야 하는 개념들이 있습니다. 그 개념들은 국어 공부를 계속하려면 반드시 이해하고 외워야 하는 것들입니다. 문학 영역에는 문학 개념이 있고, 문법 영역도 반드시 알아야 하는 문법 개념들이 있습니다. 듣기, 말하기, 쓰기 등의 영역도 마찬가지입니다. 그 개념을 명확히 알고 실제 언어생활이나 작품에 적용하는 것입니다.

다행히 국어가 모국어라서 영어나 다른 외국어처럼 그 개념을 암기하려 애쓰지 않아도 우리 머릿속에 대략 구조화되어 있어 그 과정이 더 수월합니다. 그래서 국어가 따로 암기가 필요하지 않다고 생각하는 경우가 많습니다. 하지만 우리 머릿속의 개념은 그동안 살아오면서 대화를 주고받고, 글을 읽고 쓰면서 익힌 것들입니다.

우리 머릿속의 개념은 아직 원석일 뿐 매끈하게 가공되지 못했습니다. 원석도 보석이지만 매끈하게 가공된 보석이 가치를 더 인정받습니다. 개념을 제대로 정립하는 과정에서 머릿속의 원석을 빛나는 보석으로 가공하는 과정이 필요합니다.

개념을 제대로 정립해 놓지 않으면 언제까지나 국어 과목은 공부해도 성적이 안 나오고, 공부를 안 해도 성적이 잘 떨어지지 않는 과목일 뿐입니다. 그러다가 고등학생이 되면 아무리 공부해도 성적을 올리기 힘든 과목이 되고요.

제가 가르치고 있는 중학교 3학년 2학기 교과서의 한 부분을 펼 쳤습니다. 개념이 없다고 생각할 수도 있는 '읽기' 영역입니다.

교과서 한 페이지에 '읽기 전 점검하고 조정하기'라는 부분을 살 펴볼까요? 교과서에 '읽기 목적 정하기', '예측하기', '훑어보기', '배경지식 활성화하기'라는 말이 나옵니다. 그리고 읽기 목적 정하 기란 어떤 것인지, 예측하기란 어떤 것인지, 훑어보기란 어떤 것인 지, 배경지식 활성화하기란 어떤 것인지에 대한 간략한 설명이 나 옵니다. 이것이 읽기 영역에서 공부해야 하는 내용 중 하나인 '읽기 전-중-후 전략' 중 '읽기 전 전략'에서 알아야 할 개념들입니다. 이 개념들을 탄탄히 다져 두어야 다른 글을 읽을 때도 이런 과정을 통 해서 읽기 전의 전략을 세울 수 있습니다.

국어 교과서는 개념을 설명하는 것에서 끝나지 않습니다. 국어는 도구 교과거든요. 실제로 글을 읽을 때 이 개념을 어떻게 활성화해 야 하는지도 구체적인 사례를 제시해서 안내합니다.

교과서에는 여학생 한 명이 실제 글을 읽기 전에 어떻게 읽기 목 적을 정할 것인지, 어떤 내용이 나오리라고 예측할 것인지, 어떤 방 법으로 책의 내용을 훑어보는지, 또 자신이 이 책과 관련해서 알고 있던 것이 무엇인지 생각하고 그것과 관련된 기억을 떠올리고 있 습니다. 이를 통해서 읽기 전략을 활성화하는 것이죠. 아이들은 이 여학생의 사고 과정을 따라가며 자신들이 학습했던 개념의 정의와 연결해서 실제 작품을 읽으면서 읽기의 과정을 연습하고 훈련합 니다.

국어 교육에서 가장 중요하게 생각하는 것은 작품을 하나 제시하고 그 작품을 달달 외우게 하는 것이 아닙니다. 국어 과목은 그 어떤 과목보다 기초가 중요한 과목입니다. 문학 작품을 하나 공부한다면 그 문학 작품 하나만 공부하는 것이 아닙니다.

그 문학 작품 속에 있는 문학 개념의 기초를 탄탄히 다져서 그때 공부했던 문학 개념을 바탕으로 다른 작품을 보더라도 문학 개념을 바탕으로 해서 읽을 수 있어야 합니다. 만일 소설을 읽는다면 그 소설을 통해서 서술자를 파악하고 서술자의 위치에 따른 시점을 찾아야 하는 거죠. 작가가 이 작품을 쓴 이유를 작가와 작가가 살았던 시대 등을 살펴보고 찾으며 작품을 해석하는 과정도 필요합니다. 그래야 작가가 작품 속에서 이야기하고자 하는 내용을 명확하게 파악할 수 있기 때문입니다.

국어 교육의 최종적인 목적은 결국 우리의 국어 언어생활을 원활하게 하는 데 있으니까요. 그러기 위해서 서로 지켜야 할, 알아야 할 개념들을 충분히 공부해서 이해해야 합니다. 교과서에는 우리의 원활한 국어 언어생활을 위한 최소한의 내용이 담겨 있습니다. 그것들을 충분히 암기하고 숙지해서 내면화한다면 학교 공부도, 언어생활도 크게 걱정할 필요가 없습니다.

문학도, 문법도 어떤 국어 영역이든 기본은 같습니다. 국어 교과에서 나오는 개념을 정확하게 익혀 놓아야 합니다. 그렇지 않으면 국어 개념이 나올 때마다 헷갈릴 수밖에 없습니다. 문학 수업할 때마다 제가 외치는 말이 있습니다.

'시에서 이야기하는 사람은 화자이고, 소설에서 이야기하는 사람은 서술자이다. 화자와 서술자는 작가가 아니다. 작가가 자신과는 다른 화자와 서술자를 내세워서 이야기하는 것이다.'

이렇게 3년을 이야기해도 화자와 서술자의 개념을 물어보면 헷갈리는 아이들이 많습니다. 막상 수업을 할 때마다, "선생님, 화자가 뭐였지요?", "서술자는 시에서 말하는 사람인가요?"라고 질문하곤 합니다. 개념이 흔들리고 나면 다음 단계인 작품을 해석할 수 없습니다. 그러면 언제까지나 국어 공부는 제자리에 머무를 수밖에 없지요.

## 개념을 암기하고 적용해야
## 완벽한 개념 정리가 된다

수학 공부를 할 때, 개념을 익히고 나면 그와 관련한 수많은 문제를 풀면서 그 개념을 확실하게 익히게 합니다. 국어도 마찬가지입니다.

하나의 개념을 공부하고 나면 다양한 작품을 통해서 개념을 확실하게 익혀야 합니다.

국어의 개념을 제대로 익히지 않으면 백 개의 작품을 다룬다면 아이들은 그 작품을 다 외워야 할지도 모릅니다. 사람의 머리가 아무리 똑똑하더라도 한계가 있을 것이고, 아이들은 국어 공부만 하는 것이 아닌데 백 개의 작품을 절대 다 외우지 못할 겁니다. 더 슬픈 것은 아이들이 공부해야 할 문학 작품은 백 개보다 몇십 배는 더 많다는 사실입니다. 그러니 아무리 공부해도 공부할 것이 끝이 없다는 말이 나오는 거지요.

국어 공부를 하더라도 개념을 따로 정리해서 이해하고 넘어가기를 권합니다. 공부하다가 그 개념 부분이 생각이 안 날 때마다 내가 정리한 개념을 보면서 다시 이해해야 합니다. 그렇게 반복해서 공부하다 보면 그 개념들을 암기하려 하지 않아도 저절로 암기될 겁니다.

그렇게 공부하지 않으면 결코 국어 공부를 잘할 수 없습니다.

국어 개념의 암기를 바탕으로 매일 꾸준하게 적용해야 합니다. 국어는 근육입니다. 매일매일 훈련해야 합니다. 일주일에 하루나 이틀만 죽을 만큼 운동하면 근육이 자랄까요? 그렇지 않습니다. 조금이라도 매일 꾸준히 해야 근육이 조금씩 성장합니다. 국어도 마찬가지입니다. 일주일에 하루, 또는 이틀만 국어 개념 공부를 열심히 했다고 나머지 날은 국어 공부를 전혀 하지 않으면 절대 안 됩니다.

많은 아이가 선생님이 무언가 외울 것을 주고 밑줄을 긋고 암기하는 것만이 공부라고 생각합니다. 국어는 다른 과목에 비해 외울 개념도, 밑줄을 그을 것도, 암기할 것도 많지 않습니다. 그렇다보니 국어 공부는 공부라고 생각하지 않는 경우가 많고요. 하지만 기억할 것은 개념을 충실히 공부한 다음, 다양한 글을 읽으면서 국어의 근육을 키워 나가야 합니다. 그 시작은 개념 암기가 되어야 하고요.

# 중등 국어
# 개념 노트
# 작성법

단순하게 국어 교과서의 텍스트를 읽는 것은 국어 공부가 아닙니다. 교과서의 지문을 독해하고 학습활동을 풀고 국어 개념을 외워야 합니다. 중학교 국어 교과서를 살펴보면 국어 개념이 많이 나옵니다.

중학교에서 배우는 국어의 개념들은 고등 국어의 기본이 됩니다. 국어 개념이 나올 때마다 개념 노트를 만들고 정확히 모르는 부분은 외워야 합니다. 국어 영역별로 노트를 만들거나 노트가 한 권이라면 탭을 따로 만들어서 영역별로 분리해서 정리하는 것도 좋습니다. 다른 개념들은 학년이 올라가면서 반복되는 경우가 많은데, 문법은 학년마다 완전히 다른 개념을 배웁니다. 그래서 다른 국어의 개념들은 한 권에 탭을 따로 하더라도 문법은 분리해서 정리해 놓는 것을 추천합니다.

다른 과목들은 개괄식으로 간단하게 정리가 되는데, 국어의 개념은 그렇지 못한 경우가 많습니다. 좀 지저분해 보여도 괜찮습니다. 누구에게 보여 주기 위한 것이 아니니 내가 원하는 대로 정리하면 됩니다.

## 필기구 활용하기

국어 수업 시간에 대체로 교과서에 필기를 합니다. 이때 많은 색은 필요 없습니다. 가장 흔하게 사용하는 삼색 볼펜이면 충분합니다. 선생님이 수업해 주시는 내용을 정리할 때는 검은색 볼펜을 사용해서 필기하고 정리합니다. 이때는 연필이나 샤프도 괜찮습니다. 선생님이 수업 중에 강조하거나 학습 목표와 관련된 개념 부분이라면 빨간색으로 표시합니다. 중간에 궁금한 부분이 있거나 선생님이 학습 목표와 관련된 외의 이야기를 더 한다면 파란색으로 씁니다. 그리고 수업이 끝난 다음 궁금한 부분은 선생님께 질문해서 궁금한 부분을 해결하는 것을 추천합니다. 만일 교과서의 여백이 부족하다면 포스트잇을 활용하는 것도 좋습니다.

문학 작품을 수업하는 경우 선생님이 형광펜을 꺼내서 줄을 그으라고 하는 경우가 있습니다. 형광펜이 없다면 삼색 볼펜 중 한 가지의 색으로 아래에 물결 무늬를 긋거나 그 단어에 네모 표시나 동그라미 표시를 하는 것도 좋습니다.

수업 시간에 교과서가 아닌 자습서를 가져와서 수업을 듣는 아이들도 간혹 있습니다. 그러나 그 방법은 추천하지 않습니다. 자습서에는 선생님의 수업 내용이 다 담겨 있거든요. 이미 필기가 다 되어 있으니 선생님의 말씀에 귀를 기울이지 않아도 됩니다. 수업 시간에 집중력이 흐트러질 수밖에 없겠죠. 공부를 잘하려면 손으로 직접 쓰면서 머릿속으로 정리하는 과정이 필요한데, 눈으로 보기만 해서는 결코 그것이 내 것이 되지 않습니다.

비문학을 공부할 때는 문단별로 읽으며 정리를 하되, 검은색 볼펜으로 읽기 표지를 만들면서 읽어야 합니다. 예를 들어, 순접일 때는 세모, 역접일 때는 거꾸로 뒤집어서 역세모, '그러므로'나 '따라서' 등 결론이 나오는 부분은 동그라미, 핵심어에는 네모, 개념어를 설명하는 부분에는 줄을 긋는 등 자신만의 표지를 만들어야 합니다.

어떤 표지를 해야 할지 정답은 없습니다. 다른 사람의 방법을 따라 하는 것도 괜찮고, 나만의 방법을 만드는 것도 좋습니다. 단 검은색 하나로만 하는 것을 추천합니다. 수능 때를 대비하기 위해서입니다.

수능 시험장에는 다양한 색의 개인 필기구 반입이 불가합니다. 단지 수험장에서 나누어 주는 수능용 샤프, 컴퓨터용 사인펜만을 사용해야 합니다. 그런데 다양한 색으로 표지를 만들어서 훈련했다면 수능 시험장에서 제대로 지문을 분석하고 문제를 풀 수 없습니다.

컨디션 조절하기가 어렵겠지요. 처음부터 검은색으로만 비문학 독해를 훈련하는 것을 추천합니다.

## 노트 정리하기

수업 시간에는 집중해서 공부하고 집에 와서 그날 배운 것을 나만의 개념 노트에 정리하는 거죠. 그때도 삼색 볼펜을 사용합니다. 기본적인 개념은 검은색으로, 몰랐던 것인데 새로 알게 되었거나 이해가 잘 안 되거나 부족한 부분은 파란색으로, 선생님이 여러 번 강조하거나 정말 중요한 부분은 빨간색으로 표시하면서 나만의 노트를 만듭니다.

노트 필기법으로 가장 유명한 것은 코넬식 노트 정리법입니다. 코넬식 노트 정리법은 미국 아이비리그 코넬 대학교 월터 포욱 (Walte Pauk) 교수가 고안해 낸 필기 방법으로 세계적으로 널리 알려진 노트 필기 방법입니다. 코넬식 노트 정리법은 논리적이면서도

| Record(기록) | Reduce(축약) | Recite(암송) | Reflect(숙고) | Review(복습) |
|---|---|---|---|---|
| 강의 시간 내 중요한 정보, 아이디어를 필기 영역에 기록 | 필기 영역 중 중요 키워드를 핵심 키워드 영역에 정리 | 핵심 키워드를 보며 필기 영역 속 내용을 암송 | 질문을 통해 강의 내용을 좀 더 심도 있게 공부 | 주기적으로 노트를 보면서 다시 공부 |

※코넬식 노트 필기 원리

기억하기 쉬운 '5R' 공부를 가능하게 합니다.

코넬식 노트 정리법의 핵심은 칸을 나누는 것입니다. 코넬식 노트 필기를 위해 칸을 나눈 전용 노트를 팔기도 하지만 반드시 그것을 구입할 필요는 없습니다. 어떤 노트든 선을 그어서 코넬식 노트로 활용할 수 있기 때문입니다.

노트를 크게 네 부분으로 나누어서 윗부분에는 '학습 주제' 칸으로 만듭니다. 거기에는 교과 단원, 수입 일자, 학습 목표 등의 대표적인 내용을 씁니다. 그 아래 왼쪽 부분에는 '핵심 키워드' 칸으로 필기 영역의 내용 중 핵심이 되는 키워드나 질문을 정리합니다. 오른쪽의 '필기 영역'을 정리한 뒤에 하면 좋겠죠. 오른쪽은 '필기 영역'으로 선생님의 강의 내용, 교과서의 내용을 중점적으로 정리합니다.

이때 주의할 점은 강의를 들었던 내용, 교과서의 내용을 단순히 베껴 적을 것이 아니라 한 번 정리한 다음 추후에도 그 부분을 읽으면 내용이 떠오를 수 있도록 나만의 표현법으로 바꾸어서 필기해야 한다는 것입니다. 또 줄글 형식이 아닌, 개요식으로 쓰되, 핵심어를 중심으로 쓰도록 해야 합니다. 중요한 내용에는 밑줄을 긋거나 별표를 해도 좋습니다. 예시가 필요할 때는 'ex)' 등의 표시도 합니다. 저는 수학 기호인 '∴'나 '∵, ≠'뿐 아니라 부등호 등의 기호도 즐겨 사용하는 편입니다. 이렇게 가능한 짧게 요약해서 한눈에 들어오게 정리합니다. 맨 아래에는 맨 위의 '제목 영역'과 같은 크기로, '내용 요약'으로 활용합니다. 노트 필기 영역 중 중요한 내용만 2~4줄 정도로 간단하게 정리하되 학습 목표가 잘 드러나게 정리합니다.

다음 페이지에 코넬식 노트 필기 방법을 소개합니다. 번호순으로 필기하고 공부하면 됩니다.

## 국어 영역별 노트 필기 정리 방법

국어 노트 정리는 어떻게 하면 좋을까요?

첫째, 현대 시나 고전 시가의 경우에는 코넬식 노트의 '필기 영역'에 검은색 볼펜으로 본문을 다 쓴 다음 파란색 볼펜과 빨간색 볼펜을 이용해 정리합니다. 노트에 정리할 때 교과서에 필기한 내용과 문제집 등에서 틀린 문제에 대한 개념, 문제집에 더 나와 있는 설명 등을 합쳐서 정리해야 합니다. 그리고 궁금한 점이나 핵심적인 표현법 등을 '핵심 키워드' 영역에 정리해 놓습니다. 특히 고전 시가의 경우에는 의미 파악이 중요해 원문이 제시되었다면 원문과 현대어 풀이를 함께 노트에 정리하는 것이 좋습니다. 해석이 가능하다면 굳이 쓸 필요는 없습니다.

둘째, 현대 소설이나 고전 소설의 경우에는 본문을 노트에 다 옮길 수 없습니다. 소설의 경우 전체적인 줄거리를 파악하는 것이 중요합니다. '필기 영역'에 검은색 볼펜으로 소설의 내용을 구조화해서 그림으로 줄거리를 정리하는 것이 좋습니다. 이때 인물을 중심

1. 학습 주제
- 상단에 교과 단원과 수업 일자, 학습 주제, 학습 목표 등 대표 내용

3. 핵심 키워드
- 필기 영역의 내용 중 핵심이 되는 키워드, 질문 등 정리

2. 필기 영역
- 선생님의 강의 내용, 교과서 내용을 중점적으로 필기
- 수업 내용을 단순히 나열하는 것이 아니라 추후에도 떠오르도록 나만의 표현법으로 바꾸어서 필기

4. 내용 요약
- 복습 시간에 필기 영역 내용과 핵심 키워드를 참고하여 최대한 간단 명료하게 요약, 정리

※코넬식 노트 필기 방법

으로 인물 관계도를 그리면서 구조화하면 한결 수월합니다. 소설 영역 역시 시 영역을 필기할 때와 마찬가지로 파란색 볼펜과 빨간색 볼펜을 이용해 정리하고 궁금한 점이나 핵심적인 표현법 등을 '핵심 키워드' 영역에 정리합니다.

셋째, 문법의 경우에는 코넬식 노트의 '필기 영역'에 검은색 볼펜으로 개념을 정리하고 그 아래 예시를 추가해서 정리합니다. 노트 한 페이지에 한 가지의 개념 또는 연계되는 개념 정도만 정리해서 여유롭게 정리합니다. 예를 들어, 중학교 1학년의 '품사'를 정리한다면 한 페이지에 품사의 모든 개념을 정리할 것이 아니라 품사 중 '명사' 한 가지만 한 페이지에 정리하고, 그다음 페이지에 '대명사'를 정리하는 식입니다. 여백이 많이 남는다면 반대 개념까지 한 페이지에 정리해도 좋습니다. 이렇게 여유롭게 정리해야 나중에 추가할 내용이 있을 때 추가가 가능합니다. 그뿐 아니라 너무 빡빡하면 공부할 때도 부담스럽습니다. 기억해야 할 핵심어는 파란색 볼펜으로 표기해 놓으면 나중에 눈에 쉽게 들어오겠지요.

넷째, 독서(비문학), 작문, 듣기·말하기 영역의 경우 교과서에 있는 본문을 다 옮길 수는 없습니다. 그보다 개념 부분을 정리하는 것을 추천합니다.

국어 개념 노트는 중학생 때뿐 아니라 고등학생이 되어서도 꾸준히 이어 나가는 것을 추천합니다. 이 개념 노트는 아이의 국어 공부에 큰 도움이 됩니다. 다른 사람이 정리해 놓은 개념이 아니라 내가 정리한 개념이라서 나중에 찾더라도 기억이 더 잘 납니다.

보통 개념이 정리된 문제집 등도 중학 국어, 고등 국어를 따로 다루고 있는 경우가 많습니다. 그렇지만 자신이 만들면 연계해서 정리할 수 있습니다. 고등 국어 개념을 정리할 때 중학교 때 정리한 이 노트를 다시 보면서 복습도 가능합니다.

# 효과 만점
# 국어 문제집
# 활용법

초등학생 때는 굳이 국어 문제집을 풀지 않아도 됩니다. 그보다는 독서가 중심이 되어야 합니다. 그러나 중학생이 되면 본격적으로 교과서 외의 국어 공부를 시작해야 합니다. 교과서 외의 국어 공부를 하라니 무엇을 해야 할지 모르겠다고요? 너무 걱정하지 마세요. 요즘에는 국어 공부를 위한 문제집이 굉장히 잘 되어 있습니다. 이 국어 문제집을 활용하면 수월하게 국어 공부를 잘할 수 있습니다.

아이를 학원에 보내는 이유 중 하나는 학원의 커리큘럼 때문입니다. 엄마표 커리큘럼을 짜고 꾸준하게 진행하는 것이 쉬운 일이 아니기 때문이죠. 또 집에서 공부하면 무슨 사정이 그렇게 많은지 꾸준히 공부하기가 쉽지 않습니다. 여기에 사춘기까지 더해지면 그야말로 엉망진창이지요. 이런 이유로 많은 분이 엄마표로 공부하다가 포기하고 학원에 보내거나 학습지를 선택합니다.

물론 그것도 좋은 방법입니다. 하지만 영어, 수학 학원에 이어 국어 학원까지 다닌다면 아이들은 학원에 다니느라 숨쉴 틈이 없을지 모릅니다. 학원비는 또 어떻고요. 국어 성적이 급할 때가 아니라면 평소에는 국어 문제집을 꾸준하게 푸는 것을 추천합니다. 국어 문제집을 풀면서 공부 습관도 잡을 수 있습니다.

많은 아이가 선생님의 강의를 듣거나 인강을 듣는 것을 공부한다고 생각합니다. 그러나 그건 공부하는 것이 아닙니다. 그저 선생님이 가르치는 것을 '구경'하는 겁니다. 진짜 공부는 강의가 끝나고 나서 내가 스스로 생각해서 그것을 이해하고, 문제를 풀면서 '생각'할 때 시작됩니다.

## 스스로 공부해야 하는 이유

공부할 때 제일 좋은 방법은 다른 사람을 가르치는 거라는 이야기를 들어봤나요? 누군가를 가르치려면 내가 제대로 이해하지 못하면 안 됩니다. 저는 학생들을 가르치기 위해 수업을 하기도 하고, 저의 계발을 위해 수업을 듣기도 합니다. 그런데 어느 쪽이 더 편하냐고 묻는다면 수업을 듣는 쪽이라고 말할 수 있습니다.

수업할 때는 상대방이 이것을 제대로 이해하지 못할까 봐 다양한 방면으로 생각하면서 어떻게 하면 쉽게 이해시킬 수 있을까를 고민합니다. 혹시 오역하지는 않을까, 이해하지 못하지는 않을까, 어려워하지는 않을까 등 온갖 생각을 하면서 준비합니다. 그러나 수업을 들을 때는 그런 과정이 없습니다. 수업하는 선생님의 이런 고민이 충분히 담긴 내용을 들으면서 받아들이기만 하면 됩니다. 적극적으로 머리를 사용하지 않는 거죠. 후자보다 전자의 경우에 뇌가 더 적극적으로 활동한다는 뜻이기도 합니다.

저는 적어도 중학교 때까지는 국어 과목이라도 아이들이 스스로 공부하는 시간을 가졌으면 좋겠습니다. 혼자서 문제를 풀면서 끙끙 고민도 하고 엉뚱한 답을 해서 틀려 보기도 하면서 스스로 사고하는 습관을 가진 다음에 학원에 가거나 인강을 들었으면 좋겠습니다. 그래야 강의를 들으면서 수동적으로 받아들이지 않기 때문입니다.

## 국어 문제집 엿보기

최선의 방법으로 집에서 국어 문제집을 꾸준하게 푸는 것을 추천합니다. 중학생의 국어 문제집은 종류가 꽤 다양합니다. 여러 영역 중에서 비문학 문제집이 제일 종류가 많은 편이고, 그다음으로 문학 문제집, 문법 문제집 순입니다. 비문학 문제집이나 문학 문제집은 학년별로 1권씩 해서 3권으로 구성된 경우가 많고, 문법 문제집은

1~2권 정도로 권수가 적은 편입니다.

시중의 국어 문제집은 어느 문제집이 더 좋고 어느 문제집이 별로인 것은 없습니다. 상향 평준화되어 있어서 어느 것을 골라도 좋습니다. 다만 문제집마다 기본 구성이 다르므로 그것에 적응하는 데 시간이 좀 걸릴 수 있습니다.

흔히 많이 쓰는 '숨마 주니어' 비문학과 '빠작 비문학'을 살펴보겠습니다. 숨마 주니어 비문학은 마치 수능 문제처럼 2페이지가량에 비문학 지문과 그와 관련된 문제가 3~5문제 정도 있습니다. 하루에 공부할 양은 이 2페이지가 끝입니다. 한 단원이 끝나면 단어를 익힐 수 있도록 단원별로 많이 나오는 단어를 제시하고 테스트를 봅니다. 답지를 봐도 지문의 본문이 그대로 제시되어 있고, 꼼꼼하게 필기가 되어 있습니다. 그러나 빠작은 그렇지 않습니다. 빠작 비문학은 2페이지가량에 비문학 지문과 그와 관련된 문제가 3문제 정도 있습니다. 여기서 끝이 아니라 다음 2페이지에 관련 배경지식이나 구조화, 단어 학습 등이 이루어집니다. 하루에 공부할 양은 4페이지가 되는 거죠. 이렇게 문제집마다 구성이 다릅니다.

국어 문제집을 풀라고 하면 비문학, 문학, 문법 문제집 중 어느 것을 풀어야 할지, 이 모든 영역을 다 풀어야 할지 고민하는 경우가 많습니다. 저는 이 문제집 중에서 **비문학 문제집을 푸는 것을 추천합니다.** 중학생은 문학을 문제집으로 접하기보다 책으로 접하는 것이 좋습니다. 문학을 학습적으로 접하는 건 고등학생 때 해도 늦지 않습니다.

문법의 경우는 문제집이 있으면 도움이 됩니다만 그보다 학교에서 문법 단원을 배울 때 그 단원을 꼼꼼하게 공부하는 것을 추천합니다. 그렇게 공부한 내용을 확인하기 위해서 문법 문제집을 푸는 것은 추천할 만하지만, 중학생이 문법을 따로 공부하는 건 글쎄요? 그다지 추천하고 싶지 않습니다. 차라리 중학교 3학년 겨울 방학 때 중학교 문법을 총정리하면서 고등학교 문법을 추가로 공부하는 것을 추천합니다.

## 하루에 지문 하나씩, 매일 꾸준히

어느 문제집의 구성이 이래서 더 좋고, 어느 문제집의 구성이 이래서 더 안 좋다는 건 없습니다. 가장 좋은 것은 아이와 함께 직접 문제집을 보고 고르는 것입니다. 사춘기가 되어서 국어 문제집을 공부하지 않으려 할 수도 있습니다. 그러니 많은 양을 풀게 할 수는 없습니다.

국어 문제집은 하루에 지문 하나면 충분합니다. 이미 우리는 충분히 국어로 말하고, 듣고, 읽고, 쓰고 있습니다. 이것을 날카롭게 다듬은 지문 하나면 충분합니다. 대신 매일 꾸준히 공부해야 합니다.

헬스장에 가면 하루는 상체 운동, 다음 날은 하체 운동을 하면서 번갈아 가면서 운동을 하라고 합니다. 그런데 매일 시키는 것이 있습니다. 바로 복근 운동입니다. 트레이너님이 복근은 하루라도 게

을리하면 빠른 속도로 다시 원상복구되기 때문에 다른 운동은 매일 하지 않아도 되지만 복근 운동은 매일 해야 한다고 강조하시더군요.

국어도 마찬가지입니다. 우리는 물론 국어로 말하고, 듣고, 읽고, 쓰고 있지만 일상어로 국어를 쓰는 것은 커다란 덩어리를 만드는 것이라면 국어 공부를 하는 것은 그 덩어리를 세밀하게 조각하는 작업입니다. 꾸준히, 매일 하지 않으면 금세 무뎌집니다.

방법은 다양합니다. 문제집을 풀 때는 A 문제집을 1, 2, 3권을 다 풀고 B 문제집 1, 2, 3권을 풀어도 되고, A 문제집 1권, B 문제집 1권, A 문제집 2권, B 문제집 2권, A 문제집 3권, B 문제집 3권처럼 섞어서 풀어도 됩니다. 한 출판사 문제집을 다 풀고 다른 출판사의 문제집을 풀면 문제집 한 세트를 다 푸는 동안 통일감은 있지만 1, 2, 3권이 학년을 나누는 단계이다 보니, 다음 문제집으로 넘어갈 때 단계가 확 올라가는 느낌이 있습니다. 또 문제집을 풀 때 같은 단계들을 풀면 단계는 비슷하지만 문제집 구성이 출판사마다 달라서 혼란스러울 수 있습니다.

다행히 어떻게 하든 국어가 모국어인 아이들에게 큰 상관은 없습니다. 대부분 처음에는 약간 혼란스러워할 수 있지만 이내 문제집 체제에 적응하기 때문입니다. 진도가 빠를 경우 여러 문제집을 섞어서 진행하는 것을 추천합니다.

지문의 수를 보고 아이가 얼마나 풀 수 있을지 계산해서 문제집을 두 권 또는 세 권으로 결정합니다. 두 권을 해야겠다면 A 문제집

1권이 끝나면 B 문제집 1권을 진행합니다. 그렇게 두 문제집의 1권이 끝나면 다시 A 문제집의 2권을 진행합니다. 다음으로 B 문제집 2권을 진행하고요. 세 권을 해야겠다면 A 문제집 1권이 끝나면, B 문제집 1권을 진행하고, B 문제집 1권이 끝나면 C 문제집 1권을 진행합니다. 그렇게 세 문제집의 1권이 끝나면 다시 A 문제집의 2권을 진행합니다. 다음으로 B 문제집 2권을 진행하고요. 그게 싫다면 A 문제집 1, 2, 3권을 진행하고 B 문제집 1, 2, 3권을 진행해도 됩니다. 어떻게 하든 좋습니다. 꾸준히 하는 것이 목표니까요.

## 비문학 문제집을 푸는 이유

지문 하나면 5~10분 정도 소요될 겁니다. 틀려도 됩니다. 중학교 국어 문제집을 푸는 목적은 정답을 맞히기 위한 것은 아니니까요. 그보다 다양한 비문학 지문을 읽으면서 다양한 종류의 비문학 제재에 익숙해지게 하기 위한 목적이 큽니다. 비문학 문제집을 푼다면 작품을 분석하고 문제를 푸는 유형에 익숙해지기 위해서 아이의 학년과 상관없이 1단계부터 푸는 것을 추천합니다.

만일 비문학 지문을 읽다가 아이가 흥미를 갖는 영역이 있다면 독서로 연결시켜야 합니다. 비문학 지문을 읽을 때 배경지식이 필요하다, 필요하지 않다로 의견이 분분한 편이지만 저는 배경지식이 필요하다고 생각합니다. 비문학 지문을 읽을 때 배경지식을 활성화할 필요는 없지만 배경지식이 있으면 확실히 그 글을 수월하게 읽을 수 있기 때문이죠.

사춘기 아이들의 독서는 형편없습니다. 비문학 문제집을 풀게 하면서 다양한 지문을 읽으면 자신의 관심사도 찾을 수 있고, 비문학 분석도 하고, 독서의 계기도 마련할 수 있습니다. 강하게 밀어붙이면 오히려 튕길 수 있으니 약하게 살살 끌고 와야 합니다. 우공이산(愚公移山)이라고 했습니다. 다소 부족해 보이는 방법이지만 그것이 꾸준하면 산도 옮길 수 있습니다.

꾸준히 비문학 문제집을 풀면서 중학교 3학년 겨울 방학이 되면 문법 문제집으로 중학교 3년간의 문법을 정리합니다. 이때 자신이 정리한 문법 개념 노트가 있다면 함께 비교하면서 공부하면 기억에 남을 겁니다.

문법을 정리할 때 다른 부분도 중요하지만, 특히 품사와 문장 성분은 확실하게 이해하고 고등학생이 되어야 합니다. 많은 아이가 영어 문법을 더 중요하게 배우다 보니 영어의 품사와 문장 성분과 국어의 품사와 문장 성분을 헷갈려합니다. 특히 형용사와 관형사는 제대로 기억하고 있는 아이가 거의 없습니다. 형용사와 관형어도 구분하지 못합니다. 고등학교 국어 수업 진도도 빡빡한데 중학교 때 배웠던 품사의 개념을 다시 꼼꼼하게 설명할 시간은 거의 없습니다.

고등학생은 마더텅이나 자이스토리 등의 고등학교 문법 문제집으로 꾸준히 공부하고 다집니다. 고등학생은 교과서와 함께 문제집을 풀면서 학습과 적용이 이어질 수 있도록 공부해야 합니다.

중학교 때는 문학 문제집을 추천하지 않습니다. 그보다 온전한 한 권의 책을 읽는 것을 추천합니다. 문학도 중학교 3학년 겨울 방학 때 즈음 문학 개념을 먼저 정리하는 것을 추천합니다. 아이들은 기억하지 못하지만 중학교 때 문학 개념을 많이 배웠습니다. 그 개념들을 다시 묶고 복습하는 겁니다.

문학 개념은 혼자서 공부하기에는 내용이 너무 방대합니다. 학원에 가거나 인강을 들으면서 정리를 하는 것을 추천합니다. 가장 유명한 강의는 앞에서 언급한 'EBSi 윤혜정의 나비효과 입문편'입니다. 중학교 3학년 담임을 하면서 내신 성적 산출이 끝난 11월부터 아이들에게 나비효과 강의를 들으라고 추천하지만 완강하는 아이는 드뭅니다. 의지를 가지고 끝까지 들어야 하는데, 고등학교 강의라 재미보다는 학습적인 면에 초점을 두고 해서 중학생 아이들이 듣기에는 흥미롭지 않은 듯합니다. 강의를 쪼개서 들어도 되니 문학 개념을 설명하는 강의 부분을 들으며 문학 개념을 정리할 수 있게 해주세요.

그것이 힘들다면 국어 학원도 추천합니다. 혼공을 잘하는 아이라도 선생님이 핵심 내용만 정리해서 짚어 주는 속도를 따라가기 쉽지 않거든요.

국어의 어떤 영역의 문제집을 풀든 꼭 기억해야 할 것이 있습니다. 문제집'만'으로는 절대 원하는 결과를 얻을 수 없다는 점입니다. 국어 문제집을 풀 때도 독서가 바탕이 되어야 합니다. 독서가 중심이 되어서 국어 능력을 키워야 고등학생이 되어서 국어 성적이 떨어지지 않습니다.

# 서술형 문제
# 제대로
# 준비하기

2028 대학입시에서 내신의 변별을 서술형, 논술형으로 하겠다고 발표했습니다. 지역에 따라 조금씩 다르지만 지필평가에서 서술형이나 논술형 평가를 하는 경우도 있습니다. 객관형은 제시된 답에서 답을 고르면 되니 정답을 찾을 가능성이 높지만 서술형, 논술형 평가는 아무것도 없는 무(無)에서 글을 써서 유(有)를 창조해야 합니다. 과연 아이가 서술형, 논술형 평가를 잘할 수 있을까 걱정이 됩니다. 서술형, 논술형 평가를 대비하려 논술 학원에 다녀야 하는 것은 아닌지, 서술형, 논술형 평가가 과연 공정한가 하는 등 걱정을 하다 보면 걱정이 꼬리에 꼬리를 물고요.

확실하게 말씀드릴 수 있는 건, 그렇게 걱정할 필요는 없다는 것입니다. 저는 지필평가에서 모든 문제를 서술형으로 출제합니다. 시험 범위를 안내할 때 아이들에게도 모든 문제가 서술형이라고 안내합니다. 처음 그 이야기를 듣는 아이들은 객관형이 왜 없냐며 걱정합니다.

시험이 끝난 다음에 아이들에게 서술형이어서 문제가 객관형보다 더 어려웠냐고 물어보면 아이들은 그렇지 않다고 대답합니다. 서술형 문제이긴 했지만, 선생님이 〈보기〉를 제시해서 충분히 무엇을 묻는지 알 수 있었고, 요구에 따라서 답을 쓰면 되기 때문에 객관형보다 특별히 더 어렵지는 않았다고요. 다음 시험에서도 아이들에게 전부 서술형이라고 이야기하면 아이들은 더 이상 걱정하지 않고 자연스럽게 받아들입니다.

저희 학생들이 특별해서 그렇냐고요? 전혀 그렇지 않습니다. 아주 평범한 중고등학생들입니다. 매년 만나는 아이들이 모두 그랬습니다. 그러니 걱정할 필요 없습니다.

### 논술 학원에 가야 하나요?

서술형, 논술형 평가는 지식의 깊이와 폭을 평가하는 좋은 방법입니다. 이는 단순히 암기한 내용을 늘어놓는 것이 아니라 자신이 이해하고 있는 내용을 직접 문장으로 표현해야 하기 때문입니다. 서술형, 논술형 평가 과정을 통해 학생들의 사고 과정과 이해의 흐름을 직접 볼 수 있습니다.

어느 날 퇴근하는데 현관에 전단지가 붙어 있었습니다. 집 앞의 논술 학원이었는데, 중학교 때부터 서술형, 논술형 평가가 중요해지는데, 그것을 대비하기 위해서는 논술 학원에 와야 한다는 내용이었습니다.

정말 그럴까요? 서술형 평가를 위해, 논술형 평가를 위해 반드시 논술 학원에 다녀야 하는 걸까요? 중고등학생은 안 그래도 학원 시간 때문에 바쁜데 논술 학원까지 가려면 부담스럽습니다. 그런데도 서술형, 논술형 평가를 대비하기 위해 논술 학원에 다녀야 하는 걸까요? 그 질문에 대한 제 답은 '그렇지 않습니다.'입니다.

서술형이나 논술형 문제라 하더라도 그것은 '정답'이 있는 시험입니다. 아이들이 수업 시간에 자신의 생각을 쓰는 글쓰기 시험이 아닙니다. 시험 문제에서 요구하는 답을 정확하게 써야 합니다. 아무리 화려하고 아름다운 문장을 쓴다 해도 문제에서 요구하는 핵심어를 쓰지 않으면 그 문제는 틀린 겁니다.

국어 과목의 경우 그나마 의미가 통하면 정답으로 인정하는 경우가 많습니다. 국어과는 서술형, 논술형 채점이 쉽지 않습니다. '의미가 통하면 정답'이기 때문에 의미가 통하는 정답을 인정해 주다 보면 정답의 범위가 점점 넓어집니다. 그럼 처음에 채점했던 아이들은 좁은 정답의 범위로 채점했기 때문에 불리할 수 있어서 처음에 채점했던 아이들의 답을 다시 확인해야 합니다. 그렇게 전교생의 답을 몇 번을 확인하고 지쳐 있을 때였습니다. 저를 본 옆자리의 사회과 선생님께서 "우리는 사회 용어라서 그 핵심어가 없으면 틀렸다고 하는데, 몇 번을 다시 채점하려고 하면 힘들겠다."라고 저를 위로해 주었습니다. 그렇습니다. 서술형의 답이 아무리 길고 화려하고 문장력이 뛰어나다고 해도 문제에서 요구하는 핵심어가 없으면 그 답은 틀린 것입니다.

서술형 평가를 채점할 때마다 확실히 느끼는 것이 문장을 길게 쓴다고 정답이 얻어걸리는 건 아니라는 겁니다. 오히려 짧은 문장으로 문제에서 요구하는 것을 깔끔하게 쓴 아이의 답이 정답인 경우가 훨씬 많았습니다.

서술형이나 논술형 시험을 위해서 반드시 논술 학원에 다닐 필요는 없습니다. 교과 내용을 확실하게 이해하고 문제에서 요구하는 개념을 정확하게 제대로 쓰면 그것으로 충분합니다. 여기에 중언부언하는 표현이나 문장의 호응 등을 깔끔하게 다듬기 위해 논술 학원에 다니는 거라면 추천할 만합니다.

### 서술형, 논술형 평가, 과연 공정한가?

문제도 이미 '정답'이 있고, 그 '정답'을 끄집어내는 것이 서술형 평가입니다. 서술형, 논술형 평가의 과정을 보면 공정성에 대한 걱정이 기우였다는 것이 느껴질 겁니다.

서술형 평가를 하고 나면 학생들에게 각각의 문제에 대해 채점 기준을 설명합니다. 그리고 한 명 한 명 자신의 점수를 확인합니다. 자신의 점수에 대해 의아하거나 궁금한 점이 있으면 선생님에게 이의를 제기할 수 있습니다. 그러면 선생님은 학생에게 채점 기준을 다시 설명하고 채점을 확인합니다. 이 과정에서 선생님이 누군가에게 억울하게 감점하거나 누군가에게 점수를 더 주는 일은 발생하기 힘듭니다. 그러니 공정성에 관한 걱정도 할 필요 없습니다.

아마 누군가에게 점수를 더 주거나 누군가에게 점수를 덜 준다면 학생들 선에서 이미 항의가 들어올 테니까요.


## 서술형, 논술형 평가 어떻게 준비할 것인가?

서술형 문제를 제대로 준비하려면 제일 중요한 것은 독서입니다. 문장력은 독서를 통해서 생깁니다. 글을 읽고 쓰는 힘은 독서가 바탕이 되어야 합니다. 다양한 독서를 통해서 글을 읽어 내고, 글의 핵심과 문제에서 출제자가 요구하는 것을 파악할 수 있어야 합니다. 그러기 위해서는 꾸준히 글을 읽는 훈련이 필요하고요. 그것이 바로 독서입니다.

물론 독서를 많이 하는 것만으로 서술형 문제의 답을 제대로 쓸 수는 없습니다. 지필평가는 수업 시간에 선생님이 가르친 내용을 얼마나 잘 이해했는지 확인하는 것이거든요. 서술형 문제의 답을 제대로 쓰기 위해서는 수업 시간에 집중하는 것이 제일 중요하고, 다음으로 수업 시간에 공부했던 내용을 정리하고 복습해서 내면화해야 합니다.

서술형 답을 채점하다 보면 제가 예시로 만든 답과 토씨 하나 안 틀리고 똑같이 답을 쓰는 아이들이 있습니다. 채점하다가 놀라서 그 답을 쓴 아이의 이름을 확인하면 역시나 수업 시간에 조금도 딴 짓을 하지 않고 집중하는 아이들입니다. 다른 과목 선생님께 물어보면 다른 과목의 서술형 답도 그렇게 선생님이 예시로 만든 답과 똑같이 썼다고 합니다. 그런 이야기를 들을 때마다 국어 시간에 집중을 잘하는 아이는 역시 다른 수업 시간에도 집중을 잘하는구나 싶은 생각이 듭니다.

# 고등학생이
# 고쳐야 할
# 공부 습관

고등학생이 되면 학습 습관이나 생활 습관이 거의 굳어져서 고치기 힘든 경우가 많습니다. 중학교 1학년 아이들은 선생님의 지도에 따라서 아이들이 달라지는 것이 보입니다. 중학교 2학년이 되면 조금씩 자신만의 세계가 생기는 것이 보이고, 중학교 3학년이 되면 중학교 2학년 때 생긴 자신만의 세계가 이미 공고하게 다져져서 그것을 바꾸기가 어렵게 느껴집니다. 학부모님과 상담하면 선생님이 이야기해서 나쁜 습관을 고쳐 달라고 말씀하시는 경우가 있는데, 중학교 3학년 이상의 아이들은 교사가 지도한다고 해도 굳어진 사고를 수정하기 힘듭니다. 가장 좋은 방법은 스스로 느껴서 고치는 겁니다. 고등학생이라면 고쳐야 할 공부 습관이 있다면 그것을 고쳐야 성적이 향상되겠지요.

공부 습관이란 어떻게, 언제, 어디서 공부하는지에 대한 일련의 패턴이나 행동입니다. 좋은 공부 습관을 갖고 있으면 성적을 향상시키고 학습 스트레스를 줄여 줍니다.

실제 학교에서 만나는 최상위권 아이들은 좋은 공부 습관을 가지고 있습니다. 물론 이 아이들이 모두 똑같은 공부 습관을 갖고 있는 건 아닙니다. 아이마다 공부 습관은 조금씩 다릅니다. 신기한 것은 어떻게 익힌 것인지 자신에게 딱 맞는 공부 습관을 갖고, 그 습관을 바탕으로 공부하는 것입니다. 그중 최상위권 아이들의 공통적인 공부 습관 네 가지를 알려 드리겠습니다

## 최상위권 아이들의 공통적인 공부 습관
### 첫째, 일정한 학습 스케줄 만들기

첫째, '일정한 학습 스케줄'입니다. 중학교 아이들은 시험 기간에 벼락치기로 공부해도 학교 성적이 어느 정도 나오는 편입니다. 실제로 벼락치기로 공부하는 아이들도 꽤 많습니다. 그렇지만 고등학생이 되면 벼락치기 공부법은 더 이상 통하지 않습니다. 성적은 정직하게 꾸준히 오랜 시간 공부를 한 아이에게 점수를 잘 줍니다. 그러므로 고등학생이 되면 일정한 학습 스케줄을 만들어야 합니다.

일정한 학습 스케줄을 위해서 '스터디 플래너' 사용을 추천합니다.

스터디 플래너는 자신이 어느 시간에, 어떤 과목을 공부할 것인지를 계획하고 체크하도록 되어 있습니다.

아이들이 가장 많이 사용하는 스터디 플래너는 '모트모트 스터디 플래너'입니다. 모트모트 스터디 플래너가 인기를 얻자 그와 유사한 구성으로 시중에 많은 스터디 플래너가 출시되었습니다. 심지어 다이소에도 모트모트 스터디 플래너와 유사한 스터디 플래너가 있더군요. 구성이나 디자인이 가장 마음에 드는 것으로 고르면 됩니다.

반드시 스터디 플래너를 사용해야 하는 건 아닙니다. 일정하게 학습 스케줄을 관리할 수 있다면 그 어떤 것이든 좋습니다. 작은 수첩에 공부할 것들을 쓰고 하나씩 지워 가면서 공부하는 것도 좋습니다. 제가 본 최상위권 아이 중 하나는 자신은 스터디 플래너를 사용하는 것보다 수첩에 공부할 것들을 써 놓고 지워 나가는 게 더 편하다고 했습니다. 그 아이는 이미 수첩에 학습 스케줄을 정리하는 것으로 공부 습관이 굳은 것이겠지요.

이때 주의해야 할 점이 있습니다. 주로 여학생들에게 많이 보이는 모습인데, 스터디 플래너를 공부를 위한 계획을 쓰고, 확인하는 용도가 아닌, '다꾸(다이어리 꾸미기)'의 용도로 사용하는 경우가 있다는 점입니다. 색색의 볼펜으로 자신이 얼마나 공부했는지 체크하고, 스티커를 붙이고, 예쁜 글씨로 글을 쓰고, 그림을 그립니다. 글만 읽어도 시간이 얼마나 오래 걸릴지 짐작이 되지요?

스터디 플래너는 그런 용도가 아닙니다. 그저 얼마나 공부했는지 확인하고 체크하는 용도면 충분합니다. 삼색 볼펜만 있어도 충분합니다. 여기에 공부한 양을 체크하려면 형광펜 하나 정도면 끝입니다.

또 주의해야 할 점은 스터디 플래너 따로, 실제 공부 따로 하는 경우가 있습니다. 스터디 플래너가 중요하다고 하니 스터디 플래너를 사용하기는 하지만 실제로 그것을 따를 생각이 없거나 스터디 플래너에 계획은 빽빽하게 세워 놨는데, 실제로는 시간이 없어서 스터디 플래너의 계획대로 공부하지 못하는 경우가 있습니다.

이 경우에는 왜 스터디 플래너와 실제 공부 따로가 되었는지 분석해야 합니다. 스터디 플래너에 계획은 세우지만 그것을 따를 생각이 없다면 실제로 본인이 할 수 있는 분량만큼 분량을 확 줄여야 합니다. 스터디 플래너는 선생님이나 부모님께 보이기 위한 용도가 아닙니다. 내가 스스로 계획하고 결심하고 그것을 지키려 노력하기 위해 가시화하는 도구입니다.

아이의 스터디 플래너를 보고 절대 잔소리하면 안 됩니다. 네가 할 수 있는 만큼 최소한으로 계획해서 그것을 할 수 있으면 조금씩 늘려나가라고 격려해야 합니다.

스터디 플래너에 계획은 빽빽하게 세웠지만 실제 공부할 시간이 부족한 경우에는 실제 공부하는 시간을 체크해야 합니다. 저는 늘, 인강을 듣거나 수업을 듣는 시간은 공부 시간이 아니라고 이야기합니다. 그 시간은 빼고, 순수하게 자신이 공부하는 순공시간(순수하게 공부하는 시간)을 체크해야 합니다.

순공시간을 계산해서 그 정도의 시간이라면 얼마만큼 공부할 수 있는지 스스로 확인하면서 공부의 양을 조절해야 합니다. 중학교 1학년은 1시간, 중학교 2학년은 2시간, 중학교 3학년은 3시간, 고등학생은 4시간 이상을 기준으로 잡으세요. 이만큼의 순공시간을 확보하지 못한다면 학원이나 인강을 줄이는 것을 추천합니다. 강의를 듣는 것보다 스스로 공부하는 것이 더 중요하기 때문입니다. 순공시간만큼 집중하지 못하면 최대 집중 시간을 체크해서 조금씩 기준 시간만큼 늘려야 합니다.

혹시 아이가 스터디 플래너를 사용하고 있다면 스터디 플래너를 어떻게 사용하고 있는지 확인해 보세요.

## 최상위권 아이들의 공통적인 공부 습관
### 둘째, 액티브 학습 방법 적용하기

공부하는 아이들의 모습을 살펴보세요. 책상에 가만히 앉아서 조용히 공부하는 경우가 많습니다. 이렇게 공부하다가 졸거나 잠드는 아이들도 많습니다.

이를 위해 '액티브 학습 방법 적용하기'를 권장합니다. 아마 텔레비전에서 공부를 잘하는 아이들의 영상이 나올 때 많이 봤으리라 생각합니다. 공부를 잘하는 아이들의 집에는 하나같이 커다란 칠판이 있습니다. 아이는 책상에 얌전히 앉아서 공부하는 것이 아니라

마치 선생님이 된 것처럼 칠판에 필기하면서 수업합니다.

공부할 때 조용히 강의를 듣거나 교과서를 읽는 것도 좋습니다. 하지만 직접 수업하면 더 이해가 잘 됩니다. 우선 몸을 움직여서 잠을 깰 수 있습니다. 또 그 내용을 잘 모르면 수업을 할 수 없습니다.

'백지 공부법'이라는 말을 들어 봤나요? 백지에 자신이 공부한 내용을 정리하는 것입니다. 완벽하게 공부하지 않은 부분이 있으면 그 부분은 정리하다가 막힙니다. 그러면 그 부분을 다시 공부해서 백지 공부법으로 제대로 이해하고 암기했는지 확인하는 거죠.

칠판으로 수업하는 것도 마찬가지입니다. 칠판은 거대한 백지입니다. 거대한 백지에 수업하려면 조직화해서 판서하고, 설명해야 합니다. 수업을 제대로 준비하지 않으면 수업하다가 막혀서 말을 더듬거나 내용이 생각나지 않으면 그 부분부터 다시 공부합니다. 이 과정을 여러 번 반복하다 보면 스스로 이해가 잘 되는 순간이 있습니다. 그러면 그 부분을 제대로 공부했다고 볼 수 있는 거죠.

제가 본 최상위권 아이 중 하나는 엄마와 인형을 앉혀 놓고, 아기 때 샀던 자석칠판에 그날 배운 내용을 수업하듯이 설명한다고 하셨습니다. 그 말을 듣고 깜짝 놀라서 "어머니, 힘들지 않으세요?"라고 했더니 어머니께서 "솔직히 너무 힘들고, 아이가 설명하는 내용이 다 이해가 되지도 않는다."라고 답하셨습니다. 그래서 "괜찮으시냐."라고 했더니 "그래도 조금이나마 이해가 되는 부분도 있고, 내가 이렇게 함으로써 아이가 공부를 즐겁게 할 수 있다면 참을 수 있다."라고 하시더군요. 저는 조용히 어머니께 응원해 드렸습니다.

중고등학생을 위해서 칠판을 새로 사야 하냐고요? 공간적 여유가 있다면 칠판이 있는 것이 좋지만 없다면 커다란 빈 종이를 칠판 삼아 써도 됩니다. 초점은 '액티브'한 움직임을 통해서 '능동적'으로 공부하게 하기 위한 것이지 칠판은 아니랍니다.

## 최상위권 아이들의 공통적인 공부 습관
### 셋째, 이해 중심의 학습하기

중학교 때까지는 암기 위주의 학습, 벼락치기 공부 방법이 통했습니다. 그러나 고등학생이 되면 어림없습니다. 중학생은 발달 단계상 아직 적용하고 응용하는 것이 힘듭니다. 시험에서도 '암기' 위주를 출제하는 경우가 많습니다. 그래서 암기력이 좋은 아이들은 벼락치기로도 좋은 성적을 받을 수 있었습니다. 고등학생은 그렇지 않습니다. 학습 내용이 방대해지고, 문제 출제 스타일이 완전히 달라집니다. 중학교 때의 공부 방법으로는 결코 좋은 성적을 받을 수 없습니다.

영혜는 중학교 내내 전교 1등을 했다고 합니다. 고등학교 1학년 첫 상담에서 제게 자신은 중학교 때 공부도 전교 1등이고 놀기도 전교 1등이었다며, 자기는 공부도 잘하는데 놀기도 잘한다고 했습니다. 자신만만하게 고등학교에서도 전교 1등을 할 거라 호언장담

했습니다.

첫 모의고사를 보고 1차 지필도 봤습니다. 첫 모의고사에서는 이런 스타일의 문제를 풀어 본 적이 없어서 성적이 떨어졌다고 고개를 갸우뚱거렸습니다. 그러나 1차 지필 이후 영혜의 자신만만한 모습은 눈 씻고 찾을 수 없었습니다.

그 이유는 영혜의 공부 습관에 있었습니다. 영혜는 암기력이 꽤 좋은 편이었습니다. 그 암기력을 바탕으로 중학교 때는 시험 기간 외에는 신나게 놀다가 시험 기간 2주 전부터 모든 생활을 절제하고 시험공부 모드로 돌입했다고 합니다. 그 2주 동안은 놀지도 않고 꾸미지도 않고 공부만 했다고요. 그때 교과서의 내용을 모조리 암기한다는 생각으로 달달 외웠습니다. 시험이 끝나면 또 신나게 놀고요. 제가 "교과서의 내용이나 학습 내용을 이해하면서 암기한 거야?" 하고 물었더니 "그냥 다 외우면 되는데 이해를 왜 해요?"라고 반문했습니다. 영혜는 이해는 하지 않고 단순히 암기만 한 거죠. 그리고 그게 중학교 때까지는 어느 정도 통했고요.

고등학교 공부는 결코 그렇게 할 수 없습니다. **고등학생은 공부 방법을 바꿔야 합니다. 단순 암기보다 이해에 중점을 두어야 합니다.** 교과서를 공부할 때 암기부터 할 것이 아니라 교과서를 차근차근 읽으면서 교과서의 내용을 충분히 이해하고 암기가 필요한 부분은 암기해야 합니다. 그렇게 공부하기 위해서는 공부하는 내용에 대해 '왜?', '어떻게?', '그래서?'라는 질문을 던지고, 그에 대한 답을 찾는 **과정이 있어야 합니다.**

또한 복잡한 개념을 자신의 언어로 설명하게 해야 합니다. 자신의 언어로 설명할 수 있다는 것은 그 내용을 충분히 잘 이해한 것이기 때문입니다. 언젠가 '남이 그것을 쉽게 한다면 그 사람이 그 분야의 전문가이기 때문이다.'라는 말을 본 적이 있는데 저는 그 말이 기억에 오래 남았습니다. 어떤 것이든 처음부터 잘하는 경우는 없습니다. 꾸준히 연습하고 훈련해야 잘할 수 있습니다. 마찬가지로 그 개념을 원활하게 잘 설명한다면 그 내용을 충분히 잘 이해하고 내면화했다는 뜻입니다.

## 최상위권 아이들의 공통적인 공부 습관
### 넷째, 집중력 향상을 위한 환경 마련하기

마지막으로, 집중력 향상을 위한 환경을 마련해야 합니다. 이것이 반드시 집의 소음을 아예 없애서 집을 적막하게 만들거나 집중력을 위해 거창하게 하라는 뜻은 아닙니다.

소윤이는 주변의 작은 소음도 견디지 못하는 아이였습니다. 쉬는 시간에도 공부를 해야 하는데 학급 아이들이 떠들면 집중이 되지 않아 쉬는 시간에도 조용히 하라며 반 아이들에게 소리치고, 자기 책상 위의 물건을 누군가가 지나가다가 치기만 해도 집중력이 흩어져서 스트레스를 받았습니다.

학교란 곳은 절대 적막할 수가 없는 공간입니다. 그러다 보니 소윤이의 집중력은 점점 떨어졌고, 집중력과 함께 성적도 떨어졌습니다.

소윤이의 어머니랑 상담해 보니 외동아이라 집에서 아이의 공부에 방해가 된다고 하면 무조건 조용히 하면서 아이에게 맞춰 주었다고 합니다. 집에서 떠들 사람도 없어서 자연히 집은 굉장히 조용했고요. 이것이 사춘기와 만나면서 극도의 예민함이 되었다고요. 소윤이 어머니도 아이의 이런 예민함 때문에 성적이 떨어져서 걱정된다고 했습니다.

집중력을 향상하기 위해 처음에는 학습 환경을 조용하게 유지하고 방해 요소를 제거해서 집중력을 높일 수 있는 환경을 만드는 것이 집중력을 향상하기 위한 첫 단계입니다. 이렇게 해서 집중력이 생기면 그다음에는 적당히 소란해도 괜찮습니다. 아니, 적당히 소란한 환경에 노출하는 것이 좋습니다. 우리 아이들은 무균실에서 공부하는 게 아닙니다. 아이들이 공부하는 대부분 시간과 장소는 학교입니다. 학교에는 언제나 다양한 아이들이 가득합니다.

그런 적당한 소란 속에서 집중하는 훈련을 하는 것이 집중력을 향상하기 위한 두 번째 단계입니다. 이때 집중하는 시간을 확인하기 위해서 시간 관리 앱이나 타이머를 활용하는 것을 추천합니다. 주변의 소리가 안 들리는 집중 시간이 얼마나 되는지 확인하고 점차 그 시간을 늘리는 연습을 통해서 집중 시간을 조금씩 늘려야 합니다. 앞서 고등학생은 4시간 이상 공부해야 한다고 했습니다. 4시간을 목표로 집중하는 시간을 늘려야 합니다.

고등학생은 중학생 때와 공부하는 방법이 다릅니다. 중학교 때 공부 습관만으로는 고등학교에 가서 좋은 성적을 받을 수 없습니다. 고등학교에 맞는 공부 습관에 적응해서 고등학생 때 좋은 성적을 얻었으면 좋겠습니다.

# 내신과
# 모의고사
# 두 마리
# 토끼 잡기

제가 중학교 3학년 담임을 맡았을 때입니다. 중학교 3학년 담임을 하면 많은 고등학교에서 찾아옵니다. 고등학교에서 학생들을 대상으로 설명하는 이야기를 듣다 보면 '우리 학교는 내신을 대비할 수 있는 학교' 혹은 '우리 학교는 수능을 대비할 수 있는 학교' 혹은 '우리 학교는 내신과 수능을 완벽하게 대비할 수 있는 학교'라고 합니다.

일반적으로 내신을 대비할 수 있는 학교는 주로 성적이 낮은 아이들이 많이 입학해서 상대적으로 내신 성적을 잘 받을 수 있다는 뜻이고, 수능을 대비할 수 있는 학교는 주로 성적이 높은 아이들이 많이 입학해서 대부분 아이들이 공부를 열심히 한다는 뜻입니다.

이 말을 살짝 뒤집어 볼까요? 내신을 대비할 수 있는 학교는 공부를 열심히 하지 않아서 학습 분위기가 좋지 않을 가능성이 높고, 수능을 대비할 수 있는 학교는 우수한 아이들이 많아서 내신 성적을 잘 받기 어려울 가능성이 높다는 뜻도 됩니다. 아이의 고등학교를 결정할 때 이 둘 사이에서 적절한 균형을 잡는 것이 필요하고요.

## 절대 쉽지 않은 두 마리 토끼 잡기

고등학교에서 내신과 모의고사라는 두 마리의 토끼를 잡는다는 건 쉬운 것처럼 들릴 수 있지만, 실제로는 매우 어려운 일입니다. 내신과 모의고사를 동시에 준비해야 하기 때문입니다.

내신은 학생들이 학교에서 수업을 어떻게 들었고, 그것을 제대로 공부했는지 확인하되, 학교 내에서 등급을 산출해야 합니다. 전교생을 한 줄로 세우기 위해서는 학교 문제는 날카롭고 예리할 수밖에 없으며 작은 실수도 용납하지 않습니다. 또 얼마나 학교생활을 성실하게 하는가에 따라 교과 세특 등의 내용이 결정됩니다. 어느 하나 허투루 할 수 없습니다. 내신 성적을 잘 받기 위해서는 굉장히 섬세한 학습이 필요합니다.

그에 비해 모의고사는 전국의 아이들이 보는 시험이라 내신 성적에 비해 상대적으로 점수를 촘촘하게 제시하지 않으며 시험 문제는 내신 시험에 비해 이해력, 문해력, 적용력 등의 좀 더 종합적인 사고를 요구합니다.

내신과 모의고사 성적이 비슷하게 나오는 아이들도 꽤 많지만 특이하게 내신 성적은 잘 나오는데 모의고사 성적이 잘 나오지 않는 아이도 있고, 내신 성적은 잘 나오지 않는데 모의고사 성적은 잘 나오는 아이도 있습니다. 자신이 잘 나오는 것에 따라 내신이 잘 나오는 아이들은 수시파라고 하고, 모의고사가 잘 나오는 아이들은 정시파라고 부르기도 합니다.

생각해 보세요. 고등학교 선생님들도 수능의 중요성을 알고 있습니다. 수능을 대비하기 위한 모의고사의 중요성도 알고 있지요. 그런데 선생님들이 모의고사와 전혀 상관없는 내신 문제를 출제할까요?

저는 그렇지 않다고 생각합니다. 대부분의 고등학교 선생님들은 수능이 끝나고 나면 그해 자신의 과목 수능 문제를 풉니다. 수능을 바탕으로 다음 해에 아이들에게 어떻게 가르칠 것인지, 수업에 어떻게 적용할 것인지 궁리합니다.

고등학교 시험 범위는 중학교 때와 달리 교과서 몇 페이지부터 몇 페이지까지가 아니라 몇 월 모의고사를 포함하는 경우가 많습니다. 예를 들어, 1차 지필은 4월 말에서 5월 초 정도에 보니 수업 시간에 배운 내용 외에 3월 모의고사를 시험 범위에 넣는 거죠. 이것은 학교에서 학생들에게 모의고사를 통해 수능 준비를 병행하도록 유도하기 위해서입니다.

내신과 모의고사는 분리된 다른 영역이 아니라 하나의 연속된 학습 과정인 거죠. 수업 시간에 배운 내용을 복습하고 이해하는 것은 물론 모의고사 문제를 통해 수능형 문제에 익숙해지는 연습도 병행해야 합니다. 그렇다면 어떻게 공부해야 내신과 모의고사라는 두 마리 토끼를 잡을 수 있을까요?

## 두 마리 토끼를 잡는 방법

가장 중요한 것은 시간을 관리하는 것입니다. 내신 공부 시간 따로, 모의고사 공부 시간 따로 생각하기보다 이 둘을 통합해서 학습 계획을 세워야 합니다. 모의고사의 시험 범위도 제 학년에서 배우는 내용입니다. 내신 진도와 완전히 별개는 아니라는 뜻입니다.

크게 일주일을 잡고, 일주일 동안 모의고사 과목을 두루두루 공부할 수 있게 계획을 세워야 합니다. 어떤 아이들의 경우 일주일 내내 수학만 공부하는 아이들도 있는데, 그렇게 공부하면 다른 과목 대비가 전혀 되지 않습니다.

일주일 동안 국어는 얼마나 공부할 것인지, 수학은 얼마나 공부할 것인지, 영어는 얼마나 공부할 것인지, 탐구 영역은 얼마나 공부할 것인지 계획을 세워야 합니다. 국어, 영어, 수학의 공부 시간은 좀 더 많이, 탐구 영역의 공부 시간은 조금 적게 잡고, 이 과목들을 얼마나 공부할지 계획을 세웁니다. 교과서를 비롯한 내신 공부와 모의고사 공부의 비율을 6 대 4 정도로 잡고 내신에 살짝 더 비중을 세워서 공부할 계획을 세우기를 추천합니다. 앞서 이야기했듯 내신 대비 공부는 결국 수능 대비 공부와 이어지기 때문입니다.

그렇다면 국어 공부에서 내신과 모의고사라는 두 마리의 토끼를 어떻게 잡으면 좋을까요?

우선 '읽기'가 중요합니다. 교과서를 꼼꼼하게 읽고 이해하는 것이 첫째입니다. 교과서를 읽으면서 이해가 잘 안 되는 부분은 표시해 두었다가 수업 시간에 집중해서 듣고, 그래도 모르겠다면 선생님께 질문하거나 참고서를 활용해서 철저히 내 것으로 만들어야 합니다.

## 문학 작품으로 내신과 모의고사 잡기

국어 교과서는 문학 작품과 비문학 작품으로 구성되어 있습니다. 수업 시간에 모든 문학 작품을 다룰 수 없습니다. 수업 시간에 교과서에 제시된 문학 작품을 수업할 때 그 작품과 연계된 다른 작품들을 언급하거나 함께 다룹니다. 이 작품들을 함께 공부해 두어야 합니다. 내신 시험에는 수업 시간에 다룬 작품들이 중심으로 나오겠지만 모의고사에서는 그 작품과 같은 갈래의 다른 작품이 나올 수 있거든요.

예를 들어서, 국어 교과서에 '찬기파랑가'가 나왔다고 가정해 보겠습니다. 수업 시간에는 '찬기파랑가'의 해석은 물론이고, 향가의 특징, 향가의 주요 작자층, 향가의 문학적 형식, 현존하는 향가에 대한 소개 등을 다룰 겁니다. 프린트물로 '찬기파랑가' 외에 다른 향가 작품을 한두 개 더 다룰 수도 있습니다. 이렇게 국어 수업이 끝났다면 이 작품의 갈래인 향가에 대해 <u>스스</u>로 더 찾고, 다른 향가 작품도 공부해야 합니다. 그뿐 아니라 '찬기파랑가'와 같은 주제를 다룬 다른 작품들도 살펴보아야 합니다. '찬기파랑가'는 '기파랑'을 찬양하는 노래이니 어떤 대상을 찬양하는 다른 작품들을 찾아봐야 겠지요.

'찬기파랑가'에 대해 공부하는 것은 내신을 대비해서 공부하는 것이지만 거기서 확장한 공부를 하는 것은 모의고사를 대비해서 공부하는 것이 되겠지요. 그뿐 아니라 선생님이 '찬기파랑가'와 연계해서 다른 작품을 언급했다면 내신 시험에서도 교과서에는 안 나왔지만 그 작품을 출제할 수도 있습니다. 그러니 결국 수업 시간에 배운 내용을 확장해서 공부하는 것은 모의고사를 대비할 뿐 아니라 내신을 대비하는 방법도 되는 거죠.

연계된 작품은 어떻게 공부해야 하냐고요? 문학 문제집을 활용하면 됩니다. 처음부터 다양한 문학 작품을 다 엮어서 공부할 수는 없습니다. 하나하나 조금씩 확장하면서 공부하다 보면 고등학교 3학년 즈음 많은 작품을 공부했을 것이고, 그때쯤 되면 여러 작품을 엮을 수 있을 겁니다. 수업 시간에 선생님들이 작품들을 엮어서 설명해 주시기도 하고요. 문학 문제집을 풀면서 문학 작품도 공부하고, 문제를 풀면서 부족한 부분을 찾는 연습을 통해 문학 작품 공부와 문제 풀이를 동시에 해 나가면 충분합니다.

## 비문학 작품으로 내신과 모의고사 잡기

비문학은 어떻게 공부해야 할까요? 비문학도 먼저 국어 교과서를 살펴보세요. 국어 교과서에는 비문학 지문도 많이 있습니다. 국어 수업 시간에 비문학 작품을 어떻게 분석해야 하는지 자세하게 설명합니다. 선생님이 비문학 작품을 어떻게 분석하는지, 어떻게 해석하는지 그 과정을 면밀하게 살피고 그것을 다른 비문학 지문을 분석할 때 활용해서 비문학 분석 방법을 익혀야 합니다. 물론 지문마다 분석하는 내용이 조금씩 달라도 구조도를 작성하거나 핵심어를 찾는 등의 구체적인 방법들은 비슷합니다. 수업 시간에는 그 방법을 익히는 것이지요.

내신을 공부하기 위해서는 수업 시간에 밑줄 그으라고 한 것, 필기하라고 한 것 등을 암기해야 합니다. 모의고사를 공부하기 위해서는 그것들을 암기할 필요는 없지요.

비문학 지문은 내신과 모의고사가 분리된 것 아니냐고요? 아닙니다. 앞서 중학교 때는 시험이 암기 위주로 출제된다고 한 것이 기억나나요? 고등학교에서 응용하고 적용하는 문제를 낼 수 있는 것은 중학교 때 충분히 암기하는 훈련을 했기 때문입니다. 응용하고 적용하기 위해서는 그 내용을 제대로 모르면 안 됩니다. 중학교 때 공부를 하지 않았던 아이들은 암기를 제대로 하지 않아서 고등학생이 되어서 응용하고 적용하는 문제를 잘 풀지 못하는 경우가 많습니다.

비문학 지문도 마찬가지입니다. 내신을 준비하려면 비문학 지문에서 어디가 중심 문장인지 찾아서 줄을 긋고, 핵심어를 외우는 이 모든 과정이 결국 모의고사에서 비문학 지문을 풀 때 자연스럽게 비문학을 분석하도록 돕습니다. 내신 준비를 하기 위해서 비문학 공부를 하지 않았다면 모의고사에서도 비문학을 분석할 수 없는 거죠.

비문학 역시 내신 공부를 한 뒤에 내가 잘 공부했는지 확인하기 위해서 비문학 문제집을 활용합니다. 문학 문제집을 풀 때는 문학 문제집 속 작품을 공부하는 데 초점을 두는 데 반해 비문학 문제집을 풀 때는 내가 공부했던 분석 방법을 활용해서 지문을 어떻게 분석해서 문제를 풀 것인지에 초점을 두면 됩니다.

## 모의고사의 철저한 분석

모의고사를 본 날은 그날 풀었던 문제들을 다시 되돌아보는 시간을 가져야 합니다. 모의고사는 실제 수능 시험과 가장 유사한 형태의 공부 방법입니다. 실제 성적으로 반영되지는 않지만 시간 관리는 어떻게 해야 할지, 어떤 방법으로 공부해야 할지 등을 가늠할 수 있는 훌륭한 척도입니다.

모의고사를 풀고 나서 단순히 정답만 확인하는 것이 아니라 자신이 틀린 문제에 대해 왜 틀렸는지, 어떤 부분에서 실수했는지 분석해야 합니다. 이 과정에서 자신이 약한 부분, 개선이 필요한 부분을 찾을 수 있습니다. 그 뒤에 모의고사 문제집에 포함된 정답지 해설을 살펴봅니다.

문제를 풀면서 해설을 먼저 보는 것은 추천하지 않습니다. 시간이 다소 소요되더라도 끙끙거리면서 문제를 해결하려는 과정을 먼저 거쳐야 합니다. 고민의 과정을 거쳐야 사고의 깊이가 깊어집니다. 해설은 그것으로 공부를 하기 위함이 아닙니다. 문제를 해결하는 데 필요한 로직이나 접근 방법을 살피는 용도로 사용하기 위해서입니다. 그러니 반드시 스스로 사고하는 과정 이후에 해설을 봐야 합니다.

틀린 문제를 정리하는 것도 좋습니다. 오답 노트까지는 작성하지 않아도 됩니다. 오답 노트를 만든다고 지문을 자르고, 문제를 잘라 붙이는 데 시간이 많이 소요되기 때문입니다. 시험지에 바로 자신이 왜 틀렸는지, 어떤 면에 초점을 두고 공부해야 할지 분석하는 정도면 충분합니다.

이렇게 공부하면 국어 문제를 풀 때 필수적인 이해도와 문제 해결 능력을 키울 수 있습니다. 내신 시험에 모의고사가 반영된다고 하더라도 걱정할 필요가 없고요.

국어 공부의 양이 생각보다 방대하지요? 이 모든 과정은 단기간에 이루어지지 않습니다. 매일, 조금씩, 꾸준히 해야 합니다. 그래야 국어 감각을 유지하며 국어 공부를 할 수 있습니다.

국어 공부를 하기 좋은 시간은 언제일까요? 수능 시간을 고려하면 아침 시간을 추천합니다. 실제 고 3 아이들에게도 수능 시간표대로 공부하라고도 하고요. 하지만 아침에 시간이 없다면 언제든 짬짬이 해도 좋습니다. 지문으로 잘라서 1지문 정도를 수학 공부하고 머리 식히는 20분 정도 하는 겁니다. 그렇게 짬짬이 하되, 하루에 문학 지문 3개, 비문학 지문 3개 정도로 분량을 정해서 하는 거죠. 고등학생이라면 하루에 1시간 내외로 국어 공부 시간에 사용하는 것을 추천합니다.

아이들이 공부할 때 살펴보면 온종일 붙들고 있는 건 수학 과목입니다. 그 아이들에게 국어 공부는 언제 할 거냐고 물어보면 수학이 너무 어렵고 공부해야 할 양이 많아서 국어는 엄두도 낼 수 없다고 이야기합니다. 그러면 넌지시 수학 공부를 시작하기 전에 30분 정도만 국어 공부에 시간을 투자하는 건 어떻겠냐고 권하지만, 아이들에게는 수학 과목이 발등에 떨어진 불인지 국어 과목을 외면하다가 고등학교 3학년 즈음 되어서 다급한 목소리로 국어 공부를 어떻게 하냐고 묻습니다. 나중에 국어 과목으로 고생하지 않으려면 매일, 조금씩, 꾸준히 하면 됩니다. 스노볼처럼 처음에는 작고 보잘것없어 보이지만 나중에는 거대한 눈덩이가 될 겁니다.

이것이 국어 공부에서 내신과 모의고사라는 두 마리 토끼를 잡는 방법입니다. 내신과 모의고사는 각각 따로 공부해야 하는 것처럼 보이지만 그렇지 않습니다. 내신과 모의고사는 종이의 앞면과 뒷면 같습니다. 이 둘은 함께 갑니다.

결론적으로 수시파나 정시파도 없습니다. 수시를 위한 내신 공부를 열심히 하면 정시를 대비하는 모의고사 공부가 되고, 정시를 위한 모의고사를 열심히 공부하면 수시를 위한 내신 공부가 됩니다. 이 두 마리의 토끼를 잡기 위해서 고등학교 3년 동안 최선을 다한다면 분명 대입에서 좋은 결과가 함께 할 거라 믿습니다.

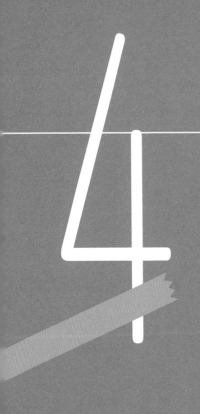

# 수능 국어 1등급을 만드는 전략적 독서 로드맵

Reading strategies
for getting into college

# 독서와
# 독해는
# 다르다

우리 아이가 책은 많이 읽는데, 과연 그 속의 내용을 제대로 분석하고 읽는 것일까요?

독서와 독해는 비슷한 점이 많습니다. 분명 둘 다 글자를 읽는 행위입니다. 그래서 독서와 독해가 비슷하다고 생각하는 경우가 많습니다. 하지만 독서와 독해는 완전히 다른 영역입니다. 국어 공부에서 독서가 중요하다는 것은 누구나 알고 있습니다. 하지만 국어 공부는 독서만으로 이루어지지 않습니다. 독해 능력이 꼭 필요합니다.

독서(讀書)와 독해(讀解)는 어떻게 다를까요?

독서는 인간의 모든 지식과 지혜를 담고 있는 글이나 책을 읽는 행위 자체를 말합니다. 이는 우리가 새로운 정보를 얻고, 여러 가지 이야기를 즐기는 데 필수적인 행동입니다. 독서를 통해 지식을 확장하고, 사고력을 키우고, 언어 능력을 발달시킬 수 있습니다. 또 독서를 통해 다양한 문화, 사상, 그리고 사회에 대한 이해도 높일 수 있습니다.

독서는 단순히 글자를 읽고 이해하는 것만을 의미하지는 않습니다. 독서는 책 속 이야기를 우리의 경험과 연결시키고 자신만의 세계를 형성하는 데 중요한 역할을 합니다. 그 과정이나 방법, 결과는 사람마다 다 다릅니다. 그래서 독서 방식이나 방법은 정해진 것이 없습니다. 독서를 잘한다는 사람들의 이야기를 찾아봐도 사람마다 비슷한 부분은 있지만 조금씩 다릅니다. 누군가의 독서 방식을 따라 한다고 해도 그것이 나에게 딱 맞는 독서 방법이라는 보장이 없습니다. 그 때문에 독서는 별다른 훈련이 필요하지도 않습니다.

독서는 시간 제한 없이 자신이 원하는 시간에, 원하는 분량만큼 읽을 수 있습니다. 독서는 '공감적 읽기'에 가깝습니다. 독서를 할 때 독자는 책 속에 푹 빠져서 읽습니다. 문학책을 독서할 때는 작품 속 등장인물과 자신을 동일시하거나 작품 속 등장인물이 왜 그런 행동을 했는지 등을 생각하며 읽습니다. 비문학책을 독서할 때는 본문 내용과 나의 삶을 연계해서 내 삶을 반성하거나 삶의 방향을 잡습니다. 그래서 독서를 한 후에 다양한 방법으로 독후 활동을 하면서 자신의 생각을 정리하는 과정을 거치는 것이 좋습니다.

## 독해란 무엇인가

독해는 단순히 글자를 읽는 것 이상의 과정입니다. 독해는 읽은 내용을 이해하고 그것을 분석해서 재구성하고, 그것을 토대로 자신의 생각을 형성하는 과정을 포함합니다. 독해는 독서를 통해 얻은 정보를 지식으로 흡수하고 활용하는 데 필수적인 활동입니다.

독해를 통해 작가의 의도나 주장, 글 속의 논리성 등을 읽어 내야 합니다. 그것을 통해 우리가 읽은 내용을 정확하게 이해하고 그 내용의 의미를 파악하고 그것과 관련된 문제를 해결할 수 있어야 합니다.

독해를 제대로 하기 위해서 작가의 의도나 주장 등을 파악하기 위한 독해 방법을 익혀야 합니다. 독해 방법을 제대로 익히려면 독해 훈련이 필요합니다. 독해 훈련을 통해서 독해 능력을 향상시켜야 구조화해서 분석하며 독해할 수 있습니다. 독해 능력은 주로 시험에서 증명됩니다. 제한 시간 안에 빠르게 읽어서 주제를 찾고 구조를 분석해야 하므로 시간 체크가 필수입니다. 독해는 분석적, 비판적 읽기에 더 가깝습니다.

**독해에서 가장 중요한 것은 구조를 분석하고 이를 바탕으로 주제를 찾는 것입니다.** 독자는 작가가 이 글을 왜 썼는지를 파악하기 위해 이유를 분석하고 구조화해야 합니다.

이를 위해 글에서 핵심어와 접속사 등의 독해를 위한 열쇠를 찾는 과정이 필요합니다. 독해 열쇠를 찾았다면 약속된 기호로 표시하고 각 문단 간의 관계 등을 파악합니다. 독해 열쇠를 표시하기 위한 기호는 네모, 세모, 동그라미, 한 줄 밑줄, 물결 무늬 밑줄 등 자신이 만들어서 활용하면 됩니다. 이 기호가 무엇을 표시한다는 스스로 약속만 있으면 됩니다.

독해 열쇠의 구멍을 표시하려면 필기구가 반드시 필요합니다. 다른 준비물 없이 즐거운 마음으로 읽으면 되는 독서와 달리, 독해는 필기구를 들고 필요한 부분에 다양한 기호로 표시하고, 옆에 떠오르는 생각이나 요약된 내용을 필기합니다.

분석한 뒤에는 자신이 파악한 내용을 일목요연하게 구조화하면 글의 내용을 이해하는 데 더 효율적입니다.

독서와 독해를 비교한다면 독서보다 독해가 훨씬 더 공격적인 읽기 활동이라고 할 수 있겠지요.

| 독서 | 독해 |
| --- | --- |
| 책을 읽는 행위<br>공감적 읽기에 가까움<br>책 속에 빠져서 읽어야 함<br>독후 활동 필요함<br>자신이 읽고 싶을 때 읽음<br>시간 제한 없음<br>훈련 필요 없음 | 주제 찾기, 구조 분석 행위<br>분석적, 비판적 읽기에 가까움<br>필기구로 분석하면서 읽어야 함<br>독해 열쇠 찾기, 구조화하기<br>주로 시험에 출제됨<br>시간 제한 있음<br>훈련 필요함 |
| 국어 공부에 필요한 기본과 능력 ||

아무리 독서를 많이 한 아이라도 독해를 훈련하지 않으면 국어 성적을 잘 받을 수 없습니다. 반대로 독서 능력이 바탕이 되지 않은 아이는 독해 훈련이 어렵습니다. 국어 공부를 잘하기 위해서 독서가 바탕이 된 독해가 필수입니다.

국어 공부를 잘하기 위해서는 독서와 독해를 모두 제대로 해야 합니다. 독서를 통해서 새로운 정보를 받아들이고 다양한 단어의 사용법, 표현법 등을 접해야 합니다. 특히 다양한 장르의 책을 읽으면서 다양한 어휘와 문장구조에 익숙해지도록 합니다. 이를 통해 어떤 종류의 글도 자연스럽게 읽을 수 있으며 특히 작문할 때 큰 도움을 받을 수 있습니다. 또 독서를 통해 작가의 생각과 감정을 이해하고 그것을 말로 표현하는 능력을 향상시킬 수도 있습니다.

독서를 통해 얻은 정보를 지식으로 흡수하고 그것을 바탕으로 새로운 생각을 형성하기 위해서 독해도 필수적입니다. 문제를 해결하는 데 필요한 정보를 찾거나 작가의 주장이나 의도를 찾아내기 위해 독해 능력은 필수입니다. 이 역시 국어 공부를 잘하기 위해 중요한 요소입니다.

꾸준한 독서를 통해 문학 작품과 비문학 작품을 감상하는 눈을 키우고, 독해를 통해서 문학 작품과 비문학 작품을 분석하는 능력을 향상시켜야 국어 성적을 잘 받을 수 있습니다. 이를 위해서 다양한 장르의 책을 읽고, 읽은 내용을 정리하고 그것을 바탕으로 자신의 생각을 표현해야 합니다. 이런 활동을 통해 독서와 독해 능력을 키울 수 있습니다.

사람들은 보통 독서를 많이 하면 독해는 저절로 따라온다고 생각합니다. 하지만 독서와 독해는 목적부터 방법까지 모든 것이 다릅니다. 국어 성적을 향상시키려면 독서와 독해는 각각 다른 것이라는 것을 인식하고 각각의 방법에 맞게 접근해야 합니다.

# 많이
# 읽기만
# 해서는
# 안 된다

제훈이는 엄청나게 책을 많이 읽는 아이입니다. 쉬는 시간에도 교실에 가면 책을 손에서 놓지 않고 있습니다. 누가 말을 걸어도 책에 빠져서 듣지 못합니다. 자기만의 책 세계가 있어서 그 기준에 따라서 책을 고르고 읽습니다. 책에 관해 이야기를 나누면 이렇게 박식할 수 있나 싶을 정도로 책과 관련된 이야기가 끊이지 않습니다. 그런데 제훈이의 국어 성적은 뒤에서 5등 안에 듭니다. 성적으로 능력을 평가하면 안 되지만 담임으로서 제훈이가 안타까운 건 어쩔 수 없습니다. 아무리 봐도 제훈이는 책을 잘 읽고, 책에 대해 자기 나름의 기준이 있는 아이인데 성적은 왜 낮은 걸까요?

안타깝지만 국어는 꾸준히 책을 많이 읽기만 해서는 좋은 성적을 받을 수 없습니다. 독서를 통해서 쌓을 수 있는 능력과 국어 교과에서 요구하는 능력은 비슷한 듯하지만 다르거든요.

국어는 단순히 말과 글을 이해하고 사용하는 기초적인 능력을 넘어 사고력, 비판력, 표현력과 같은 종합적 능력이 바탕을 이루는 학문입니다. 초등학교 때 국어 능력 향상을 위해 국어의 하위 영역들을 체득하면서 국어를 위한 기초 체력을 마련하고, 중고등학생이 되면 국어 영역별로 체계적으로 국어 능력을 키웁니다.

우리는 국어 능력을 어떻게 키워야 할지 잘 모릅니다. 가장 널리 알려진 방법이 '독서'입니다. 그러나 독서만으로 국어 성적을 향상시키기에 부족한 점이 많습니다.

우선 국어 과목의 평가 영역은 매우 다양합니다. 독서로 얻을 수 있는 지식과 이해는 문학이나 비문학 독해 부분에는 도움이 될 수 있지만 문법이나 작문 등 다른 영역에서는 직접적인 영향을 주지는 않습니다. 문학이나 비문학 독해를 할 때는 독해를 통해 글을 분석하고 그 안에 담긴 작가의 의도나 문학적 기법을 파악하는 능력이 중요합니다. 이는 단순히 책을 많이 읽는다고 해서 자동으로 향상되는 능력이 아닙니다.

국어 성적을 잘 받으려고 하면 다각도의 접근이 필요합니다. 독서를 통해 지식의 폭을 넓히고 사고의 깊이를 더하는 것도 중요하지만 문법, 작문, 어휘력 같은 기본기를 탄탄하게 다져야 합니다. 더불어 시험에서 요구되는 문제 해결 능력을 기르기 위한 체계적인 학습과 전략도 필요하죠.

## 독서만으로 안 되는 이유

국어 공부를 잘하기 위해 독서는 반드시 필요합니다. 초등학교 때 독서를 많이 했다고 하는 아이들은 대부분 텍스트 이해력이 높은 편입니다. 반면 독서를 거의 하지 않은 아이들은 출제자의 의도를 파악하는 데 오랜 시간이 소요되고, 출제자의 의도를 엉뚱하게 파악하기도 합니다. 그 아이들을 볼 때마다 초등학생 때는 독서가 필수라는 생각이 듭니다. 초등학생 때의 독서로 공부를 잘하기 위한 양질의 토지를 만들어 두어야 거기에 어떤 씨앗을 심든지 쑥쑥 잘 자랄 수 있습니다.

그렇지만 독서만으로는 결코 국어 성적을 잘 받을 수는 없습니다. 왜냐고요? 교과서를 살펴보면 그 이유를 알 수 있습니다.

중고등학교 국어 교과서를 살펴보면 단원마다 국어의 어떤 영역을 다루고 있는지 친절하게 안내가 되어 있습니다. 제가 얼마 전에 가르쳤던 '세상을 향한 목소리'라는 단원은 읽기와 쓰기 단원을 공부하기 위한 단원이었습니다. 대단원 아래 2개의 소단원이 있는데, 소단원 하나는 비교하며 읽기로 '도시의 야간 조명'에 대해서 긍정적인 관점으로 쓴 글 한 편, 부정적인 관점으로 쓴 글 한 편을 나란히 제시해 놓았습니다. 같은 대상을 바라보더라도 관점에 따라 대상을 다르게 볼 수 있다는 것을 가르치기 위한 단원이지요.

아이들과 '도시의 야간 조명'에 대해 어떻게 생각하는지, 도시의 야간 조명을 본 적이 있었는지, 그 기억이 긍정적이었는지, 부정적이었는지 등을 이야기 나누고 두 편의 글을 읽습니다. 제목에서 짐작하겠지만 이 두 작품은 각각 자기 생각을 쓴 비문학 글입니다. 작가의 주장이 무엇인지, 그 주장을 뒷받침하기 위해서 어떤 근거를 사용했는지, 그 근거는 신뢰할 만한 것인지, 또 주장을 뒷받침하기 타당한가 등을 분석하며 읽습니다. 읽고 나서 각각의 글의 내용 전개 방식을 찾고 구조도도 그립니다. 이렇게 비문학 글을 읽을 때는 씹고, 뜯고, 맛보는 과정이 필수입니다.

마지막으로 이 단원의 학습 목표였던 같은 화제에 대해 글쓴이의 관점이 다르면 글이 어떻게 달라지는지에 대해 이야기를 나누면 이 단원은 마무리됩니다.

글 두 편을 샅샅이 분석하고 나서 두 번째 소단원을 공부합니다. 두 번째 소단원의 제목은 '주장하는 글쓰기'입니다. 앞 시간에 같은 대상을 바라보더라도 어떤 관점으로 바라보는지에 따라 글에서 주장하는 내용이 완전히 반대가 될 수도 있다는 것을 배웠습니다. 또 어떻게 글을 써야 자신의 주장을 강조할 수 있는지도 익혔습니다. 주장을 뒷받침하기 위해서 근거를 사용할 때는 신뢰성과 타당성 등을 갖춰야 한다는 것도 배웠고요.

이렇게 공부했던 내용을 바탕으로 이번에는 내가 어떤 화제에 대해 나의 관점을 정하고 그에 따라 주장하는 글을 써야 합니다. 교과서에는 주장하는 글쓰기의 단계가 안내되어 있습니다. 글쓰기 과정을 하나하나 배워 가면서 실제로 그 단계에 따라 글을 쓰다 보면 어느새 한 편의 글이 완성되어 있습니다. 아마도 이 글은 수행평가가 될 가능성이 높지요. 완성된 글은 매끄럽고 읽기 좋아야 합니다. 어법에 맞으면 훨씬 매끄럽게 읽히겠지요.

어떤가요? 고작 한 단원만 살펴보았지만 독서를 많이 한다고 해서 이 모든 과정을 원활히 수행하기는 어렵다는 생각이 들지 않나요? 국어 공부를 잘하기 위해서 독서만으로 안 된다는 이유가 바로 이것입니다.

## 국어 영역의 균형 잡기

국어의 하위 영역의 모든 능력이 골고루 조화를 이루며 발달해야 합니다. 문법은 국어의 기초를 이루며 문장을 올바르게 이해하고 분석하는 데 필수적인 요소입니다. 문학이나 비문학 작품을 감상하고 분석할 때도 문법 지식은 도움을 줍니다. 읽기 능력은 문학과 비문학 텍스트를 정확하고 신속하게 이해하는 데 필요하며, 다양한 문제를 해결하는 데도 중요한 역할을 합니다. 위에서 살펴보았듯이 자신이 이해하고 공부한 것을 글로 표현하는 작문도 국어 과목에서 굉장히 중요한 능력입니다. 국어 교과서를 공부하면서 이러한 국어의 영역에 대해 제대로 이해하고 각 영역에 맞는 학습 방법을 택하는 것이 중요합니다. 그래야 국어 성적을 잘 받을 수 있습니다.

국어 교과서를 살펴보면 학기마다 국어 문법 단원이 하나씩 나옵니다. 계속 반복했지만 이 국어 문법 단원을 철저하게 공부해야 합니다. 다른 영역에 비해 문법 영역은 나선형 구조로 학습하지 않습니다. 즉 그 학기에 제대로 공부해 놓지 않으면 그 문법 단원을 다시 공부하기 어렵습니다.

문법 단원을 공부할 때는 문법 규칙을 확실하게 이해하고 다양한 예문을 통해 적용하는 연습이 필요합니다. 또한 문법 문제를 풀면서 자주 틀리는 부분을 집중적으로 분석하며 오류를 줄여 나가야 합니다.

많은 아이가 중학교 때는 크게 부담스럽게 느끼지 않다가 고등학교 때 어려워하는 영역이 문학 영역입니다. 소위 '국어 감'이 가장 필요한 영역이거든요.

문학 영역에서 '국어 감'을 갖기 위해 단순한 내용의 이해를 넘어 작가의 의도, 문학적 기법, 작품의 주제와 구조 등을 파악해야 합니다. 이를 위해 작품을 여러 번 읽으며 주요 구절에 대한 자신만의 해석을 만들고, 다양한 비평을 참고하며 다각도에서 작품을 바라보는 연습도 필요합니다. 또 문학 이론에 대한 기초 지식을 쌓고, 문학 개념도 암기해야 하고요. 기초가 쌓였다는 생각이 들면 실제 시험에 나올 수 있는 문제에 대비해 작품 분석 능력도 키워야

4장 수능 국어 1등급을 만드는 전략적 독서 로드맵

**193**

합니다.

　비문학 지문을 다루는 독서 영역을 키우기 위해서는 지문의 주제와 중심 생각을 파악하고 작가의 논리 구조를 이해하는 것이 중요합니다. 이를 위해 지문을 분석하면서 핵심 키워드를 찾는 연습을 해야 합니다. 또 다양한 유형의 지문을 접해서 각각의 지문에 맞는 독해 전략을 찾아야 합니다. 예를 들어, 설명문과 논설문은 각각 다른 접근 방식이 필요합니다.

　이런 다양한 글을 어떻게 분석하는지는 초중고 국어 교과서에서 다양한 설명문과 논설문을 읽고 분석하면서 배웁니다.

　국어의 영역에 포함되지는 않지만 중요한 요소 중 하나가 어휘력입니다. 어휘력은 국어 과목의 모든 영역에 걸쳐 기본이 되는 요소입니다. 어휘력이 풍부해야 글을 정확히 이해하고 주어진 질문에 적절하게 답할 수 있습니다. 어휘력을 키우기 위해서 단순히 단어를 암기하는 것을 넘어 그 단어가 쓰이는 맥락을 이해하고 실제 문장 속에서 어휘를 적절하게 활용하는 능력을 키워야 합니다.

## 국어를 잘하려면 국어 공부를 해야 한다

국어 공부를 잘하기 위해서 독서뿐 아니라 국어의 각 영역에 맞도록 다면적으로 접근해서 각 영역에서의 이해도를 높여야 합니다. 그다음으로 국어 공부를 해야 합니다.

국어 공부를 하기 위한 기본 자료는 국어 교과서입니다. 선생님들이 시험 문제를 내기 위해서 참고하는 것도 국어 교과서이고, 아이들에게 시험 범위를 안내할 때도 국어 교과서를 바탕으로 안내합니다. 국어 성적을 잘 받기 위해서 국어 교과서를 철저히 분석하고 이해하는 것이 필수입니다.

교과서 외의 문제집이나 자습서 등의 참고서를 활용하는 것도 좋습니다. 하지만 그 전에 교과서를 완전히 이해하고 공부하는 것이 더 중요합니다. 교과서를 공부하고 나서 부족한 부분이 느껴지거나 심화 내용을 학습하기 위해서 참고서를 활용해야 합니다. 교과서에서 다루었던 것이 어떻게 문제화되는지 궁금하다면 그때 참고서를 보는 것도 좋습니다.

중요한 것은 참고서가 중심 교재이고 교과서가 보조 교재여서는 안 된다는 것입니다. 교과서가 중심 교재이고 참고서가 보조 교재여야 합니다.

## 실제 국어 시험 대비하기

실제 국어 시험을 대비하는 것도 필요합니다. 자주 있는 경우는 아니지만, 간혹 시험에서 시간 배분을 잘하지 못해서 답지에 답을 옮겨 적지 못하는 아이들이 있습니다. 안타깝지만 평가는 규정 업무이고, 다른 아이들과의 형평성을 고려해야 하므로 답지에 답을 옮

기지 못하면 0점으로 처리됩니다. 엉엉 울고 있는 아이를 보면 선생님들도 너무 마음이 아프지만 어떻게 도와줄 수 없습니다.

국어 시험의 각 문제 유형(객관식, 서술형, 논술형 등)에 해당하는 특별한 문제 접근 방법이 다 다릅니다. 예를 들어, 객관식 문제는 정확한 답을 빠르게 찾는 것이 중요하고, 서술형이나 논술 문제는 주어진 지문이나 자료를 바탕으로 자기 생각을 명확하고 논리적으로 표현해야 합니다.

내 아이가 다니는 학교는 시험에서 어떤 유형이 출제되는지 미리 알아보고 각 유형에 맞는 문제 풀이 전략을 마련하고 실전처럼 연습해야 합니다. 대부분 선생님이 시험 범위를 알려 줄 때 시험 문제가 어떤 유형으로 출제되는지 안내하니 이때 잘 들어야 합니다.

시간이 된다면 실제 시험과 유사한 환경에서 정기적으로 모의고사를 치르는 것도 좋습니다. 모의고사를 통해 시간 관리 능력을 키우고 실제 시험의 긴장감을 미리 경험할 수 있습니다. 또한 자신이 어떤 유형의 문제에서 약점을 보이는지 파악하고 그에 대한 대비책을 세울 수도 있습니다.

모의고사에서 오답을 분석하고 원인을 찾아내면 실제 시험에서 좋은 성적을 받을 것입니다. 오답 노트를 작성할 때는 그 문제를 왜 틀렸는지 분석하고 국어 교과서에서 그 부분을 다시 공부하면서 다시 숙지해야 합니다. 오답 노트를 꾸준히 쓰면 비슷한 유형의 문제가 출제되면 걱정할 필요가 없습니다. 완벽하게 공부했다는 생각에 자신감도 상승할 거고요.

국어의 영역을 살펴보고, 그 영역에 따라 공부하고, 국어 시험에 맞는 공부를 해야 국어 성적을 향상시킬 수 있습니다. 독서만 많이 해서는 안 됩니다. 아무리 다양한 영역의 독서를 한다고 해도 결코 국어의 하위 영역을 골고루 발전시킬 수 없습니다. 국어 성적도 잘 받을 수 없습니다. 독서는 독서대로 하면서 국어 성적을 잘 받기 위한 공부도 필요합니다.

# 교과서 수록 작품은
# 단원별 학습 목표에
# 맞춰
# 읽어야 한다

그렇다면 국어 교과서를 읽을 땐 어떻게 읽어야 할까요? 그냥 일반 책을 읽듯이 교과서를 처음부터 끝까지 죽 읽으면 될까요? 비교적 학습할 내용이 명확한 사회나 과학 교과와 달리 국어 교과서를 펼쳐 보면 여러 작품이 등장할 뿐 무엇을 어떻게 공부해야 할지 막막합니다.

국어 공부의 내비게이션이 있어서 국어 교과서의 공부를 어떻게 하라고 구체적으로 안내한다면 더욱 수월할 것 같지 않은가요? 국어 교과서에 국어 교과서를 어떻게 읽어야 할지 안내하는 내비게이션이 있다는 걸 알고 있나요? 그것은 바로 단원별로 제시된 '학습 목표'입니다.

학교 수업은 교육과정에 의거 하여 진행됩니다. 다음 학년의 내용을 미리 다루거나 가르칠 수는 없습니다. 선행 금지법에 위반되기 때문입니다. 학교 수업은 제 학년의 내용을 풀어내어 아이들이 교육과정의 내용을 활동으로 할 수 있게 구성해야 합니다. 다양한 전문가들이 모여서 아이들의 발달 단계에 맞추어 이런 교육과정을 녹여 낸 결과물이 바로 교과서입니다. 교과서는 교육과정을 실제로 어떻게 수업해야 할지 풀어 놓은 훌륭한 길잡이라고 보면 됩니다.

국어 교과서 차례 페이지를 통해 교과서 전체의 구성을 살펴보고 단원별 학습 목표를 살펴야 합니다. 학습 목표는 교과서를 만든 저자들이 그 단원에서 아이들이 이것만은 반드시 공부했으면 좋겠다는 것을 명시화해 놓은 것이거든요. 국어 공부를 하기 위해서 제시된 지문을 학습 목표와 어떻게 연계해서 해석하고 다룰지 생각해야 합니다. 그 단원을 공부하는 이유는 바로 그 학습 목표 때문이니까요.

국어 교과서에 어떤 작품이 나오면 그 작품 자체를 공부하는 것도 중요하지만 그보다 그 작품을 통해서 학습 목표를 익히는 것이 중요합니다. 그것이 그 작품이 나온 이유이니까요. '이 학습 목표를 잘 드러낼 수 있는 글이 어떤 것이 있을까?'를 염두에 두고 학습 목표를 잘 드러낼 만한 작품을 찾은 것이 그 작품이거든요. 그러니 국어 공부를 할 때도 초점은 '작품'에 있을 것이 아니라 '학습 목표'에 있어야 하는 거죠. 만약 '글을 바르게 쓸 수 있다.'가 학습 목표라면 관련 작품을 통해서 글을 바르게 쓸 수 있는 능력을 키우는 것입니다. 작품을 공부하는 것은 그다음 단계입니다.

## 학습활동 살피기

국어 교과서를 살펴봐도 교과서 내의 학습활동은 모두 '학습 목표'를 달성하는 데 초점이 맞춰져 있습니다.

국어 교과서의 '점검하고 조정하며'라는 단원을 살펴볼까요? 이 단원의 소단원 1단원은 '능동적으로 읽기'로 읽기 영역을 다룬 단원입니다. 이 단원의 학습 목표는 '자신의 읽기 과정을 점검하고 조정하며 글을 능동적으로 읽을 수 있다.'입니다. 본문을 살펴보니 이 학습 목표를 달성하기 위해서 어떻게 읽기를 해야 하는지 읽기 전-중-후 전략에 관해 설명하고 있습니다.

다음 페이지로 넘겨서 이 단원의 학습활동을 살펴보겠습니다.

'책 제목과 소제목, 단어 등을 훑어보고, 하연이의 '예측하기' 활동을 완성해 보자.', '이 글에서 비슷한 경험을 했던 일이 있으면 그것을 떠올리고, 공감되는 이유를 생각해 보자.', '이 글의 구조를 중심으로 핵심 내용을 찾고 구조도를 작성해 보자.', '하연이가 글을 읽은 과정을 보고, 각 과정에 따른 읽기 활동을 정리해 보자.', '읽기 과정을 점검하고 조정하며 글을 읽으면 어떤 점이 좋은지 생각해 보자.' 등이 있습니다. 글을 읽을 때 이런 것들을 생각하면서 읽는 것이 읽기 과정이고 이런 활동을 제대로 하고 있는지 스스로 점검하며 읽는 연습을 해야 합니다.

수업 시간에 아이들은 교과서를 읽으면서 '읽기 전-중-후 활동에는 이런 것이 있구나.' 하는 것을 알고, 학습활동을 통해서 실제로 읽기 전-중-후 활동을 연습합니다. 이후에는 다른 지문을 읽으며 이 활동을 하면서 읽기 전-중-후 활동을 내면화할 수 있도록 하고요.

어떤가요? 학습활동의 질문들을 살펴보세요. 모두 '자신의 읽기 과정을 점검하고 조정하며 글을 능동적으로 읽기' 위한 질문들이 아닌가요? 학습활동의 질문들이 모두 '학습 목표'를 향해 있습니다. 국어 교과서를 제대로 공부하기 위해서는 '학습 목표'를 반드시 고려해야 합니다.

그러면 시험 문제는 어떻게 출제될까요? 시험은 수업 시간에 다룬 내용을 얼마나 제대로 이해하고 있는지 확인하는 것입니다. 수업 시간에 배운 내용을 얼마나 잘 기억하는지, 그것을 다른 작품에 얼마나 잘 적용할 수 있는지 등을 확인하는 문제를 냅니다.

이 단원으로 시험 문제를 낸다면 '자신의 읽기 과정을 점검하고 조정하며 글을 능동적으로 쓸 수' 있는가 하는 능력을 확인하는 문제를 낼 거라 예상할 수 있을 겁니다.

**국어 교과서는 단순히 흥미를 위해 만들어진 책이 아닙니다. 분명한**

학습 목표가 있고, 그 학습 목표를 달성하기 위해서 만들어졌습니다. 그 목표에 맞게 국어 교과서를 활용해야 합니다. 교과서 속의 작품을 읽을 때는 처음에는 작품에 푹 빠져서 작품 자체의 매력을 느끼면서 읽더라도 국어 공부를 잘하기 위해서는 단원별 학습 목표에 맞춰서 읽으면서 학습 목표에 맞는 활동이 필요합니다.

# 교과서 수록 작품은
# 본질을
# 파악하며
# 읽어야 한다

국어 교과서를 공부하기 위해서는 학습 목표가 중요하다고 했습니다. 국어 교과서에 명시되어 있지는 않지만 중요한 것이 하나 더 있습니다. 그것은 바로 교과서에 나온 작품 자체입니다. 국어 교과서에 수록된 작품들은 학습 목표를 가장 효율적으로 달성하기 위해 정제된 자료입니다. 학습 목표에 따라 작품을 분석하고 이해하는 것은 매우 중요합니다.

하지만 국어 교육의 목표는 그것만이 아닙니다. 표면적으로 드러나지는 않았지만 국어 교육의 목표는 학습 목표와 더불어 문해력을 키우는 것입니다.

문해력 이야기에서 국어 과목 이야기가 함께 나오는 것이 바로 그런 이유입니다. 국어 수업을 통해 문해력을 기르려면 학습 목표를 달성하는 것만으로는 부족합니다. 작품 자체를 분석하고 읽을 줄 알아야 합니다. 그래서 국어 수업 시간에는 학습 목표를 달성하기 위한 활동뿐 아니라 작품 자체를 분석하는 시간이 있습니다.

학교에 다닐 때 국어 수업 시간을 떠올려 보세요. 작품을 읽을 때 선생님이 밑줄을 긋고 필기하라고 했을 겁니다. 두 줄을 긋기도 하고, 한 줄을 긋기도 하고, 동그라미나 세모, 네모 등의 표시를 하기도 했을 겁니다. 아마 그때는 그 활동들이 어떤 의미가 있는지 이해가 되지 않았을 지도 모르겠습니다. 어쩌면 단순히 학교 시험 성적을 잘 받기 위한 과정에 지나지 않았지요.

시간이 지난 지금 생각해 보면 그 과정을 통해서 글을 읽을 때, 어디에 줄을 긋고, 그 모든 과정이 작품 자체를 분석하는 시간이었던 겁니다. 국어 시간에 그 과정을 반복함으로써 글을 분석하는 과정을 내면화했기에 비슷한 장르의 글이 나오면 수업 시간에 배웠던 것을 바탕으로 작품을 분석하고 이해할 수 있었습니다.

그뿐인가요? 지금 배우는 작품은 나중에 다른 학습 목표의 자료로 사용될 수도 있습니다. 이 작품이 다시 나왔을 때, 초면이라며 다시 공부할 수는 없겠지요. 그렇게 공부할 시간도 많지 않고요. 한 번 할 때, 제대로 단단히 해 두어야 합니다. 그래야 국어 공부를 위해 지나치게 많은 시간을 낭비하지 않고, 다른 과목을 공부할 시간을 확보할 수 있습니다.

국어 교과는 도구 교과이기 때문에 그 학습을 통해서 반드시 익혀야 할 기능적인 목표가 있습니다. 그것이 바로 학습 목표이지요. 하지만 학습 목표에 따라 작품을 공부하면 작품 자체의 매력과 메시지를 간과할 수 있습니다. 그것은 반쪽짜리 국어 공부밖에 안 됩니다.

작품은 학습을 위한 훌륭한 재료이기도 하지만 동시에 그 자체로도 매력적인 존재입니다. 작품을 작품 자체로도 접근할 수 있어야 합니다. 그래야 완벽한 국어 공부를 했다고 할 수 있습니다. 다른 단원에서 그 작품을 다시 만났을 때도 수월하게 공부할 수 있고요. 다른 비슷한 작품을 만나더라도 그 작품을 해석할 수 있습니다.

국어 수업 시간을 살펴봐도 이 두 가지를 다 다룹니다. 그것이 온전한 국어 공부를 위한 방법이라는 뜻이겠지요.

작품 자체를 공부하면 국어 능력을 향상시키는 데 많은 도움이 됩니다. 많은 고등학생이 국어 성적을 어떻게 올릴 수 있냐고 질문하는데, 가장 좋은 방법은 '국어의 감'을 잡는 것입니다. 그 '국어의 감'이 바로 국어 능력이 되겠지요. **'국어의 감'을 잡기 위한 방법은 바로 국어 교과서에 제시된 작품 자체를 공부하는 것입니다.** 작품에 쓰인 표현법, 주제, 시대적 배경, 작가 등에 대해서 폭넓게 공부하면 작품을 더욱 깊이 있게 이해할 수 있습니다. 작품 자체의 재미에 빠지면 공부의 지루함을 덜 수도 있습니다.

작품 속에는 다양한 언어의 표현과 문체가 담겨 있습니다. 문학 작품에는 작가의 창의력과 표현력이 담겨 있고, 비문학 작품에는 작가의 날카로운 분석력과 사고력이 담겨 있습니다. 여러 장르의 글을 접하면서 다양한 언어적 요소를 접하고 풍부한 표현력을 갖출 수 있습니다. 새로운 어휘와 문장구조를 배웁니다.

문맥을 파악하는 능력도 생깁니다. 문해력을 키울 때 가장 중요한 것 중 하나가 문맥입니다. 교과서 속의 작품들은 긴 글로 이루어져 있습니다. 작품 전체의 흐름과 문맥을 파악해야 글에서 말하고자 하는 바를 이해할 수 있지요. 이 과정이 차곡차곡 누적되어야 문맥을 파악하는 능력이 생기고 문해력이 향상됩니다.

글은 다양한 주제와 관점을 다룹니다. 국어 교과서에 수록된 글도 마찬가지입니다. 교과서의 여러 글을 읽고 분석하면서 글에서 이야기하고자 하는 바가 옳은지, 근거가 타당한지 등을 판단합니다. 이 과정에서 비판적으로 사고할 수 있습니다. 이것이 바로 리터러시 교육이고요.

중고등학교 때 교과서 속의 작품을 분석하면서 공부하는 이유는 바로 이런 능력을 키우기 위함입니다. 중학교 때는 교과서를 충실하게 국어 공부를 하는 것만으로도 충분히 국어 능력을 키울 수 있는 거지요. 중학생 때 이렇게 탄탄하게 '국어의 감'을 잡아 놓는다면 고등학생이 되어서도 결코 국어 때문에 눈물짓는 일은 없을 겁니다.

국어 교과서 속의 작품을 어떻게 공부해야 하냐고요?

먼저 살펴볼 것은 작가에 대한 것입니다. 이 글을 쓸 때의 배혜림이라는 사람과 저 글을 쓸 때의 배혜림이라는 사람이 완전히 다른 사람인 듯 글에서 이야기하는 내용이 달라지지는 않습니다. 제가 살아온 삶을 바탕으로 저의 가치관이 형성되었고, 그 가치관에 따라 생각하고 행동하고 글을 쓰거든요. 다른 작가도 마찬가지입니다. 작가에 대해서 알면 작품을 한결 이해하기 수월합니다.

국어 교과서를 살펴보면 그 글을 쓴 작가에 대한 설명이 있습니다. 이를 통해 작가의 생애와 작가가 살았던 시대 배경을 살펴볼 수 있습니다. 비문학 작품의 경우라면 작가라는 배경지식이 작품 해석에 크게 영향을 미치지 않지만 문학 작품이라면 작가라는 배경지식이 작품 해석에 중요한 요인이 됩니다. 비문학 작품이건 문학 작품이건 작가에 대해 미리 살펴보고 작품을 읽으면 작품을 한결 수월하게 이해할 수 있습니다.

다음으로 작품을 읽으면서 작품 자체를 파악해야 합니다. 독서를 할 때는 문학 작품은 즐거운 마음으로 읽어도 됩니다. 그러나 교과서 속의 작품을 공부할 때는 그래서는 안 됩니다. 교과서 속의 작품을 파악할 때는 비문학 작품과 문학 작품 모두 분석적으로 독해하면서 읽어야 합니다.

비문학 작품은 구조도를 그리고 핵심어를 통해 주제를 찾는 것을 당연시하는 데 반해, 문학 작품은 그냥 읽으면 된다고 생각하는 경우가 많습니다. 문학 작품도 작품의 등장인물, 배경, 복선 등 작품 속에서 제시된 문학적 장치와 기법을 분석해야 합니다. 그 과정을 거쳐야 주제를 찾을 수 있습니다. 그리고 작품을 분석하는 과정을 통해 이 단원에서 왜 이 작품을 수록했는지 그 이유도 찾을 수 있습니다.

교과서 속 작품을 분석하고 읽은 후 시간적 여유가 있다면 같은 작가의 다른 작품도 읽으면 좋습니다. 그 작가의 생각을 한결 명확하게 이해할 수 있기 때문입니다. 문학 작품이라면 같은 시대에 쓴 다른 작품도 좋습니다. 같은 시대에 대해 작가마다 어떻게 다르게 인식했는지 살펴볼 수 있거든요. 찾기가 쉽지는 않지만 더 나아가 주제가 같거나 같은 대상을 다룬 작품을 읽는 것도 작품의 이해를 넓히는 데 도움이 됩니다.

상대적으로 시간적 여유가 있는 중학생이라면 다양한 책을 통해서 교과서 속 작품의 범위를 확장하고, 시간이 빠듯한 고등학생이라면 문제집 등을 통해서 교과서 속 작품의 범위를 넓히는 것을 추천합니다.

# 중학생 때
# 고등
# 문학 작품
# 미리 읽기

중학교 전 과정은 고등학교를 준비하는 과정입니다. 평가, 수업 운영 방식, 학생부 기록 등 많은 항목이 중학교와 고등학교가 비슷합니다. 그래서 중학생이 되면 대입까지의 로드맵을 생각해야 합니다.

독서도 마찬가지입니다. 초등학교가 6학년까지 있는 것처럼 중고등학교를 합해 6년이라고 생각할 필요가 있습니다. 6년간 독서를 어떻게 할 것인지 독서 로드맵을 짜야 합니다. 고등학생은 책 읽을 시간이 거의 없습니다. 중학생 때 필수 작품들을 읽어야 합니다. 고등학교 수업 시간에 다루어질 수많은 문학 작품과 수능 시험이나 모의고사에서 만나게 될 비문학 작품들이 그것입니다.

고등학생 때 국어에 발목이 잡혀서 넘어지지 않으려면 중학생 때 열심히 독서를 달려야 합니다. 대부분 책은 200~300페이지 정도 입니다. 중학생은 이 정도 분량의 책은 수월하게 읽을 수 있어야 합니다. 고등학생이 되면 책을 읽을 시간이 거의 없습니다. 고등학생은 지금까지 저금한 독서 능력을 출력해야 합니다.

고등학생이 되면 대부분 학교가 3월, 6월, 9월, 11월 모의고사를 칩니다. 모의고사에는 많은 문학 작품이 나옵니다. 모의고사와 내신을 대비하기 위해서 이 문학 작품을 분석하는 것도 중요합니다. 그러나 시험에 나온 문학 작품은 작품 전체가 아닙니다. 작품 전체를 읽어 뒀거나 줄거리를 안다면 시험에서 작품을 이해하기가 훨씬 수월했을 거고, 시험을 대비하기 위해서 모의고사 문제를 분석할 때도 이해하기가 훨씬 수월하겠죠. 그래야 비슷한 주제나 배경의 작품이 나왔을 때 수월하게 풀 수 있습니다.

## 현대 소설 읽기

중학생 때 현대 소설과 고전 소설을 미리 읽어 두세요.

현대 시는 길이가 짧아서 수업 시간 내에 작품 전체를 다 다룰 수 있습니다. 하지만 현대 소설은 한 시간 내에 작품을 다 살펴보는 것은 무리입니다. 교과서에도 전문이 수록된 작품들도 있지만 많은 작품이 '앞부분 줄거리'나 '뒷부분 줄거리'를 제시해 작품의 일부만 교과서에 수록합니다. 수업 시간에는 작품의 전문을 읽지 않고 줄거리만 가볍게 설명하거나 안내만 합니다. 이를 위해 중학교 때 한국 단편 소설은 반드시 읽어 둬야 합니다.

현대 소설은 한국 단편 소설을 읽으면 됩니다. 중학생 때는 교과서에 나오는 작품 외의 것은 수업이나 평가에서 잘 다루지 않습니다. 그래서 교과서에서 다루고 있는 작품만 책을 찾아서 읽어도 충분합니다.

고등학교는 그렇지 않습니다. 고등학생이 되면 수업 시간에 다루는 작품의 양이 늘어납니다. 그 작품과 연계된 작품도 많습니다. 선생님이 수업하다가 언급하는 작품들을 모르면 그 작품을 설명했어도 기억하지 못합니다. 그 작품들을 읽으려 해도 고등학생들은 공부할 것이 좀 많나요? 독서할 시간이 부족합니다. 작품의 내용도 모르는데 작품을 분석하거나 관련 문제를 푸는 건 결코 쉬운 일이 아닙니다. 맥락을 알아야 작품 전체의 흐름을 파악해서 작품을 분석하고 문제를 수월하게 풀 수 있기 때문입니다.

그러다 보니 고등학생이 되면 고등학교 국어의 양이 너무 많고 어렵다고 하소연합니다. 이때 소위 '국포자'가 발생합니다.

현대 소설의 경우 반드시 읽어야 할 작품들이 있습니다. 인터넷 서점이나 인터넷 검색창에 '한국 고전 소설'이라고 치면 여러 출판사의 책이 나올 겁니다. 출판사마다 수록된 작품 수가 다르고, 어떤 책은 작품만 수록된 경우도 있고, 어떤 책은 작품에 대한 해석이 수록된 경우도 있습니다. 그 중 어느 것이나 좋습니다. 작품의 전문이 실려 있으면 충분합니다. 현대 소설을 읽히는 목적은 책을 읽혀서 나중에 그 작품을 보았을 때 낯설지 않게 하는 것입니다.

단편 소설들은 책 한 권에 한 작품이 실려 있거나 여러 이야기가 이어져 있지 않습니다. 대부분의 한국 단편 소설 한 편이 20장을 넘지 않습니다. 짧은 것은 3~4장으로 된 것도 있습니다. 이것을 하루에 한 편씩 읽게 하는 겁니다. 길이가 짧아 한 편을 읽는 데 오랜 시간이 걸리지 않습니다. 중학교 교과서에도 나오는 작품이 많으니 미리 읽어 두면 중학교 때도 도움이 됩니다. 읽은 내용을 확인할 필요 없습니다. 그저 책을 읽었는지만 확인해 주세요.

한국 단편 소설을 읽다가 보면 작가의 특징이 느껴질 겁니다. 또 대부분 한국 단편 소설은 일제 강점기를 배경으로 하는 것이 많아 따로 일제 강점기를 설명하지 않더라도 소설 속에서 여러 사람의 삶을 보면서 그 시대의 삶의 모습에 대해 알게 될 겁니다. 거기에 작품에 대한 설명을 함께 읽으면 이해도가 더 높아지겠죠.

## 고전 소설 읽기

중학교 국어책에는 고전 작품은 거의 나오지 않습니다. 설사 교과서에서 다루더라도 현대어로 나오기 때문에 걱정할 필요가 없습니다.

하지만 고등 국어를 대비한다면 고전 소설도 미리 읽으면 좋겠습니다.

　고전 소설은 너무 빨리 읽을 필요는 없습니다. 중학교 국어 공부가 거의 마무리 된 중학교 3학년 2학기 즈음 읽으면 됩니다. 현대 단편 소설을 먼저 읽고 중학교 3학년 12월, 고입 내신 성적 산출이 마무리된 뒤 교실이 어수선해서 집중이 잘되지 않을 때 고전 소설을 읽는 겁니다.

　고전 소설의 경우 고어로 되어 있어 작품의 주제나 내용을 파악하기는커녕 읽는 것조차 힘든 경우가 많습니다. 다행히 요즘에는 현대어로 나오는 경우도 많다고 하지만 고등학생이 되기 전에 원작의 느낌이 살아있는 책을 읽기를 추천합니다.

　고전 소설은 아이들이 어렸을 때 전래동화로 많이 접했을 겁니다. 하지만 그것을 제대로 기억하는 아이들은 별로 없습니다. 또 전래동화로 각색하면서 변형되거나 삭제된 부분도 있을 수 있습니다. 중학생이 되면 원본의 내용으로 읽어서 원작의 내용을 알게 해 주세요.

　고전 소설은 다른 책 좋은 책도 많지만, 저는 '전국국어교사모임'에서 만든 '휴머니스트' 출판사의 고전 소설을 추천합니다. 한 권 한 권 책이 얇아 아이들이 부담스러워하지 않고 한 작품씩 읽을 수 있습니다. 삽화가 있어서 책장도 빨리 넘어갑니다. 장점이자 단점이긴 한데, 작품 수가 너무 많아서 모든 작품을 다 읽기는 힘듭니다. 모든 책을 다 구입하기보다 유명한 몇 권만 구입하거나 도서관에서 빌려 보는 것을 추천합니다. 물론 다른 출판사에서 나온 고전 소설도 좋은 책이 많으니 그 책들을 읽어도 좋습니다.

고전 소설을 읽히는 목적은 줄거리를 파악하는 겁니다. 고전 소설은 한글 소설이라 해도 지금 원본 그대로 보기에는 표기법 등의 차이가 큽니다. 어차피 누군가가 한 번 현대어로 손을 본 작품을 읽어야 하는데, 특히 조선 후기의 경우에는 워낙 이본이 많아서 어떤 이본을 현대어로 번역했는가에 따라서 줄거리나 세부 내용이 달라질 수 있습니다. 그러니 큰 줄기의 흐름만 읽을 수 있다면 어떤 책이든 좋습니다.

## 중학교 때 문학 작품을 읽는 이유

고등학생이 되면 중학교 때 읽었던 현대 소설과 고전 소설을 끄집어내야 합니다. 수업 시간에 문학 작품을 배울 때 그 작품과 연계된 수많은 작품이 언급될 것입니다. 그때마다 자신이 읽었던 작품을 떠올리고, 배우고 있는 작품과의 연결고리를 생각하며 공부해야 합니다.

수업 시간에 작품의 내용을 알고 수업을 듣는 것과 모르고 수업을 듣는 것은 수업의 내용을 이해하는 정도가 다릅니다. 그러니 고등학생이 되기 전에 미리 여러 작품을 읽어 두기를 추천합니다.

내용을 다 기억하지 못해도 좋습니다. 수업 중에 '그 내용 어디서 들어봤는데?' 하는 정도면 충분합니다. 나중에 설명을 듣다 보면 그 내용이 기억이 날 테니까요. 안타깝게 중학교 3학년 아이들을 대상으로 고전 소설을 수업한 적이 있었는데, 너무 오래되어서 그런지 초등학교 저학년 때 읽었던 전래동화의 내용은 제대로 기억하지 못하는 경우가 많았습니다. 중학생 때 읽어야 고등학생이 되었을 때 기억을 잘 떠올릴 수 있습니다.

중학교 때 문학 작품을 미리 읽는 이유는 문학 작품을 알아 두기 위한 것입니다.

스포일러라는 말을 한 번쯤 들어 본 적이 있을 것입니다. 이야기 속에 영화나 드라마의 내용을 이야기해서 내용을 다 알게 되어 버리는 것을 말합니다. 미리 영화나 드라마의 내용을 알고 보면 재미는 덜할지 몰라도 이야기가 어떻게 진행될 거라는 안정감을 가질 수 있습니다. 게다가 그 장면이나 소품이 왜 그때, 그렇게 사용되었는지도 알 수 있습니다. 작품의 내용을 모르면 보이지 않는 부분입니다.

문학 작품을 볼 때도 마찬가지입니다. 작품을 읽지 않은 아이는 작품의 줄거리를 모르기 때문에 줄거리도 공부하고 선생님의 수업 내용도 따라가야 합니다. 수업 진도를 따라가느라 허덕일 수밖에 없지요. 하지만 작품을 미리 읽은 아이는 이미 작품의 줄거리를 알기 때문에 선생님의 수업에만 집중할 수 있습니다. 선생님의 설명도 훨씬 잘 이해할 수 있습니다. 작품 속의 복선이나 구조도 더 잘 파악할 수 있습니다.

문학 작품을 읽고 나서 문학 문제집을 풀 필요는 없습니다. 중학생은 다양한 문학 작품을 접하는 것만으로 충분합니다. 문학 문제집은 문학에서 익힌 여러 가지 지식을 날카롭게 벼르기 위한 것입니다. 중학생은 아직 날카롭게 벼를 만한 지식이 없습니다. 다양한 문학 작품을 읽어서 문학적 소양을 마련하고, 문학 개념을 공부해서 문학적 지식을 쌓은 후에야 문학 문제집을 풀면 됩니다. 그 시기는 빨라도 중학교 3학년 겨울 방학이면 충분합니다. 기본이 다져지지 않은 상태에서 문학 문제집을 아무리 풀어 봤자 밑 빠진 독에 물 붓기밖에 안 됩니다.

일주일에 한 편도 좋으니 중학생 아이에게 가능한 한 많은 문학 작품을 꾸준히 읽게 해 주세요.

# 중학생 때
# 수능이나 모의고사를
# 대비한
# 비문학 작품 읽기

경제나 문화, 예술, 과학 등의 분야에 관한 내용의 글은 평상시에 그 분야에 관심이 없으면 쉽게 읽히지 않습니다. 읽어도 무슨 말인지 이해가 되지 않습니다. 아이 역시 관심 없는 주제를 만났을 때, 글이 잘 읽히지 않을 겁니다.

특히 다양한 비문학책에서 다루는 주제는 관심 가지기 쉽지 않고 읽기 힘든 경우가 많습니다. 그러나 국어 교과서를 살펴보면 문학 작품과 비문학 작품의 비율이 비슷합니다. 비문학 영역의 지문을 처음 만났을 때 불편하게 느끼지 않으려면 관심이 없는 영역의 책이라고 외면하면 안 됩니다. 다양한 영역의 비문학책을 미리 읽어 둬야 합니다.

비문학은 어떤 글이 시험에 나올지 알 수 없습니다. 출제된 비문학 전문을 찾아 읽을 필요는 없습니다. 비문학 제재를 다룬 책들을 꾸준히 읽어서 배경지식을 쌓아 놓는 것이 더 좋습니다.

## 관심 없는 주제의 책 접하기

관심이 없는 주제의 책은 재미가 없습니다. 그 책을 읽으라고 하면 읽지 않을 겁니다. 그렇다면 만화책이나 유튜브 등의 영상으로 접하게 해도 좋습니다. 'Why 만화책'이 초등학생의 전유물 같지만 의외로 중학생들이 읽어도 좋은 내용이 많습니다. 이런 책으로 접하면 덜 지루하게 그 주제를 접할 수 있습니다. 중학교 국어 선생님들이 독서를 위해서 교실에 가지고 들어가는 책도 생각보다 얇은 책들입니다. 사춘기 아이들은 독서를 거의 하지 않으려고 하기 때문이죠.

중학생이라면, 고등학생이라면 이 정도의 책은 읽어야 한다는 고정관념을 갖지 말고, 어떻게 하면 우리 아이가 이 주제의 책을 쉽게 접할 수 있을까 하는 데 초점을 맞춰서 책을 골라 주세요.

간혹 아이가 비문학책을 읽지 않으려고 해서 독서는 하지 않고 독해 문제집에 나와 있는 지문을 이용해서 비문학을 읽히게 하는 경우가 있습니다. 이것은 정말 좋지 않은 방법입니다.

물론 중학생이 되면 비문학 문제집을 푸는 것이 좋습니다. 그러나 어디까지나 독서가 바탕이 되어야 합니다. 비문학을 문제집을 통해서만 접해서는 안 됩니다. 책을 통해 글 전체를 읽는 능력을 키우면서 비문학 영역을 접해야 합니다. 그래야 글에서 이야기하는 것을 제대로 이해할 수 있고 배경지식도 생깁니다. 그런 뒤에 비문학을 다루는 문제집을 통해 독해와 문제를 푸는 요령을 익혀야 합니다.

공부라는 것 자체가 원래 재미있고 즐거운 것이 아닙니다. 힘들고 어렵습니다. 하지만 그것을 이겨내고 무언가를 알게 되었을 때 성취감을 가지는 과정에서 공부의 재미를 알게 됩니다.

비문학 영역의 책을 읽는 것도 비슷합니다. 처음에는 손이 가지 않고 거부감이 들 수 있습니다. 그래도 포기하면 안 됩니다. 여러 방법을 통해 조금씩 관심을 갖게 해 주세요. 그 작은 관심을 계기로 책을 읽습니다. 이렇게 생긴 관심은 세상을 다른 눈으로 바라볼 수 있게 돕습니다.

## 비문학 작품 읽기

비문학 작품도 마찬가지입니다. 요즘에는 비문학 갈래의 책도 딱딱하지 않고 재미있게 다루고 있는 것이 많습니다. 인터넷 서점의 카테고리 분류 중 사회정치, 역사, 인문, 예술 등의 책을 찾으면 됩니다.

베스트셀러 영역에 있는 책들을 위주로 골라 보세요. 베스트셀러 영역에 있는 책의 출판사에서 나온 책을 찾아도 좋습니다. 출판사들도 각자 특징이 있어서 청소년용 비문학 갈래의 책을 주로 만드는 출판사는 여러 주제의 청소년용 비문학 갈래의 책을 출간하더라고요. 그렇게 찾다 보면 출판사에서 만들고 있는 비문학 시리즈물도 찾을 수 있습니다.

## 수능에 필요한 배경지식 쌓기

중학생은 여러 비문학 영역의 책들을 골고루 읽혀야 합니다. 이 비문학책들이 훌륭한 배경지식이 됩니다. 저와 의견이 다른 분들도 있겠지만 저는 수능 비문학 지문을 읽기 위해서 배경지식이 필요하다고 생각합니다.

전혀 모르는 영역의 글을 읽으면 그 속에서 사용하는 용어나 전체적인 내용을 이해하기 위해서 많은 노력이 필요합니다. 하지만 배경지식이 있다면 배경지식의 활성화로 적은 노력으로 비문학 지문을 읽어 낼 수 있기 때문입니다.

저는 매년 수능 문제를 풀어 보는데, 제가 조금이라도 아는 분야에 관한 지문은 이해가 수월해서 문제를 푸는 데 상대적으로 시간이 적게 소요되고, 제가 전혀 모르는 분야에 관한 지문은 사용하는 용어를 이해해야 글 전체를 이해할 수 있어서 시간이 좀 더 많이 소요되는 편입니다. 아이들도 저와 비슷하지 않을까 싶습니다.

신기한 것이, 전혀 몰랐던 영역이라 하더라도 반복해서 눈에 익으면 그 영역의 이해가 수월해진다는 것입니다. 싫어하는 영역이라도 꾸준히 골고루 읽어야 하는 이유가 바로 이것입니다.

## 중학생 때 비문학책을 읽어야 하는 이유

중학생 때는 초등학생 때보다 독서할 시간이 없습니다. 일주일에 책 한 권 읽기도 빠듯합니다. 게다가 사춘기가 왔는지 엄마 말도 잘 듣지 않습니다.

엄마도 마찬가지입니다. 아이가 초등학생 때는 독서를 꼭 해야 한다는 신념이 있었지만 아이가 중학생이 되고 성적이 나오면서 독서에 대한 신념이 흔들리기 시작합니다. 독서를 열심히 한다고 해서 성적이 오를 것 같지 않습니다. 당장 성적에 상관이 없는 독서보다 성적을 올리는 것이 더 중요하게 보입니다.

독서는 그럼에도 계속해야 합니다. 이제는 양보다 질로 승부해야 할 시기입니다. 깊이 있는 독서가 중요합니다. **중학생이 되면** 초등학생 때 읽던 흥미 위주의 책을 줄여야 합니다. 그 자리에 **문학책과 비문학책을 넣어야 합니다.**

꾸준한 비문학 독서를 통해서 비문학 문제의 바탕을 만들어야 합니다. 고등학생은 비문학 문제집의 분석 방법을 익히고, 문제를 푸는 스킬을 익혀 빠른 속도로 비문학을 분석하고 문제를 푸는 훈련을 해야 합니다. 그 이전에 배경지식을 쌓아야 합니다. 초등학교 때, 다양한 비문학 독서를 통해서 배경지식을 쌓았다고 하더라도 중학교 때, 꾸준히 비문학 독서를 하지 않으면 배경지식이 끊겨서 고등학생 때 배경지식을 활성화할 수 없습니다.

우리의 뇌의 시냅스는 꾸준한 자극으로 발전하고 이어진다고 합니다. 꾸준히 사용하는 뇌의 영역은 계속 발달시켜서 두껍고 튼튼하게 만들지만 사용하지 않으면 그 시냅스는 끊어집니다. 중학교 때, 꾸준하게 비문학책을 읽지 않으면 고등학생 때, 비문학 영역의 뇌를 발달시키기 위해 몇 배로 노력해야 합니다.


## 비문학책의 매력


비문학책은 어떤 매력이 있는 걸까요?

우선 비문학책은 정보의 보고입니다. 최신 과학 발견부터 역사적 사건, 심지어 경제 이론까지 비문학책을 통해 다양한 지식을 얻을 수 있습니다. 이 정보들은 학교 시험뿐만 아니라, 사회에 나갔을 때 꼭 필요한 '지식의 토대'가 됩니다. 비문학책을 꾸준히 읽음으로써 우리가 흔히 이야기하는 '상식'을 쌓을 수 있는 거죠.

또 '비판적 사고력'이 자랍니다. 국어 수업 시간에 비문학 지문을 다룰 때 반드시 하는 활동 중 하나가 그 글을 비판적으로 분석하는 것입니다. 마지막으로 자기 생각과 비교하고 판단하게 합니다. 안

타깝게 교과서에는 비문학책의 일부가 수록되어 있습니다. 비판적 사고력을 키우는 방법은 알려 줄 수 있지만, 그것을 내면화하기에는 부족합니다. 스스로 비문학책을 읽으면서 책의 내용을 비판적으로 분석하고, 자기 생각과 비교해 보면서 스스로 생각하는 힘을 기르는 훈련을 해야 합니다. 이 과정을 통해 어떤 문제에도 스스로 답을 찾을 수 있는 능력을 만드는 거죠.

비문학책을 읽으면 대화나 논쟁에서 '논리적으로 말하는 법'을 배울 수도 있습니다. 비문학책에는 논리적 근거와 설득의 기술이 담겨 있기 때문입니다.

이렇게 비문학의 매력에 푹 빠진 다음에 비문학 지문을 읽고 문제를 푸는 훈련을 한다면 누구보다도 비문학 지문을 잘 분석할 수 있을 겁니다.

## 비문학 도서 선정하는 방법

비문학책은 어떻게 고르냐고요? 다양한 방법이 있습니다.

첫째는 추천 도서 목록에 있는 비문학 도서를 고르는 방법입니다. 저는 추천 도서 목록을 그다지 좋아하지 않습니다. 추천 도서 목록 자체가 나쁘다는 게 아니라 그 기준에 내 아이를 욱여 넣고, 아이의 독서 수준을 평가하는 경우가 있기 때문입니다. 그렇지 않다면 추천 도서 목록에 있는 책들이 훌륭한 도서 선정의 기준이 될 수 있습니다.

여러 출판사에서 책을 출간할 때 타깃으로 잡는 독자의 연령층이 있습니다. 각 출판사에서 제시하는 추천 도서 목록을 보면 어떤 책을 읽힐 것인지 가늠할 수 있습니다.

또 여러 권위 있는 곳에서 만든 추천 도서 목록도 좋습니다. '전국국어교사모임'에서 추천하는 도서 목록도 좋고, 각 지역 도서관에서 제시하는 추천 도서 목록도 좋습니다. 경남 독서 한마당 도서 목록도 꽤 인기가 좋습니다. 시작은 아이가 좋아하는 영역부터 하면 됩니다.

둘째는 도서관의 도서 십진분류표를 활용하는 겁니다. 도서관에서 책을 빌릴 때 책등을 보면 긴 숫자가 있습니다. 그것이 도서관에서 도서를 분류하는 기준을 써 놓은 십진분류표(DDC)입니다. 미국의 듀이라는 사람이 만든 것인데, 10자리 숫자로 주제를 나눠 각 숫자에 주제를 매치하고 책의 내용과 주제에 따라 번호를 분류하는 도서 분류 기준입니다. 한국에서는 이 DDC를 그대로 사용하지 않고 한국에 맞게 바꾸어서 한국십진분류법(KDC)을 사용합니다. KDC는 분야를 10개로 나누었는데, 000은 총류, 100은 철학, 200은 종교, 300은 사회과학, 400은 자연과학, 500은 기술과학, 600은 예술, 700은 언어, 800은 문학, 900은 역사입니다. 책 등에 붙어 있는 그 숫자들이 바로 한국십진분류법에 맞춘 책의 도서 배치 번호입니다.

도서관에 갈 때마다 이 KDC 분야의 책을 한 권씩 고릅니다. 문학 영역인 800번은 빼고요.

이때 추천 도서 목록을 활용하면 좀 더 편리하겠죠. 예를 들어, 추천 도서 목록에서 보려고 하는 책의 책 분류 번호를 보고 그 번호 외의 책을 고르는 거죠.

이렇게 하면 비문학책을 골고루 읽힐 수 있습니다.

## 중학생과 비문학 문제집

고등학생이 되어서 비문학 독서를 하면 늦습니다. 중학생 때 비문학 독서를 해야 합니다. 여기에 비문학 문제집도 추천합니다. 뒷장에서 다시 말씀드리겠지만 중학생은 문학 문제집은 풀지 않더라도 비문학 문제집은 풀어야 합니다.

비문학 문제집을 푸는 이유는 비문학 시험이라는 새로운 장르를 접했을 때 놀라지 않기 위해 준비운동을 하는 것입니다. 그러니 너무 많은 양을 공부할 필요는 없습니다. 문제가 틀리고 맞는 것에 너무 연연해서 오답 노트를 작성할 필요도 없습니다. 그저 가랑비에 옷 젖듯이 비문학을 조금씩 스며들게 하면 충분합니다.

지금까지 알려 준 방식대로 비문학을 읽고 공부하면 중학생의 비문학 공부는 충분합니다.

# 독해를
# 위한
# 어휘력의
# 중요성

독서를 할 때 한 페이지에 모르는 어휘가 5개 이상 있으면 책의 내용을 제대로 이해하기 어렵습니다. 독해도 마찬가지입니다.

모르는 단어가 가득한 책을 읽고 나면 분명히 글자는 읽었는데, 그 내용은 이해가 되지 않는 경우가 많습니다. 단어의 뜻을 몰라 글에서 이야기하고자 하는 바를 파악하지 못했기 때문입니다.

## 모르는 단어 대처법

독해를 하다가 모르는 단어가 나오면 어떻게 해야 할까요? 독해 도 중 바로 사전을 찾거나 질문을 해서 단어의 뜻을 알 수 있지만 그것은 너무 비효율적입니다. 우선 모르는 단어는 별도의 표시를 하고 넘어가야 합니다. 글을 끝까지 읽고 나면 문맥을 통해 유추할 수 있는 경우도 많습니다. 단어의 뜻을 모를 때마다 뜻을 찾으면 글의 내용을 분석하는 데 시간도 오래 걸립니다.

사전을 찾는 것은 모르는 단어를 만났을 때 가장 좋은 해결 방법입니다. 하지만 뜻을 모를 때마다 사전을 찾으면 그 단어의 뜻을 제대로 익힐 수 없습니다. 생각해 보세요. 수학 문제가 안 풀릴 때마다 답지를 보고 이해하고 넘어가면 그 문제가 다시 나왔을 때 그것을 풀 수 없습니다. 스스로 끙끙거리고 고민하는 과정이 있어야 합니다.

모르는 단어를 만났을 때도 마찬가지입니다. 사전을 찾기보다 먼저 문맥을 통해 단어의 뜻을 유추해야 합니다. 앞뒤의 문장을 읽어 단어의 뜻을 파악하기 위해 노력해야 합니다. 앞뒤 한 문장씩 읽어도 단어의 뜻이 유추되지 않는다면 앞뒤 두 문장씩 읽으면서 유추할 수 있어야 합니다. 그렇게 끙끙거리는 과정이 있어야 사전을 찾아도 무슨 뜻인지 수월하게 파악할 수 있습니다.

국어사전을 찾아보면 어떤 단어에는 1, 2, 3등의 번호가 붙어 있습니다. 그 단어의 뜻이 다양해서 다른 범주들끼리 묶어서 뜻을 정리해 놓은 것입니다. 끙끙거리는 과정 없이 바로 사전을 찾는다면 지금 자신이 읽은 글의 단어가 몇 번의 뜻인지 알 수 없습니다. 문맥을 파악해야 문맥에 맞는 의미를 찾을 수 있습니다.

자신이 찾던 단어를 찾으면 단어의 뜻뿐 아니라 예문, 유의어, 반의어, 동음이의어까지 살펴봅니다. 뜻에 번호가 붙어 있다면, 다른 번호의 뜻으로는 어떤 것이 있나도 함께 살펴보면 더 좋겠지요.

중학생은 종이로 된 국어사전을 찾을 필요는 없습니다. 네이버나 각종 인터넷 검색창에 단어를 검색해도 충분합니다. 검색창마다 '사전' 탭이 있어서 거기서 찾으면 됩니다. 이런 디지털로 된 국어사전을 활용하면 번거롭게 종이 사전을 들고 다닐 필요가 없습니다. 저는 개인적으로 네이버 국어사전을 자주 사용하는 편인데, 네이버 국어사전이 표준국어대사전의 내용이기 때문입니다. 표준국어대사전은 국립국어원이라는 국가 기관에서 만든 사전이라 사실상 한국어의 표준어라 볼 수 있습니다. 고려대한국어대사전과 우리말샘 사전도 있어서 함께 살펴보는 것도 좋습니다.

## 단어장 만들기

국어사전에서 단어를 찾았다면 그것을 노트에 기록합니다. 빠짐없이 다 쓸 필요는 없습니다. 단어를 쓰고 단어의 뜻을 간단히 씁니다. 유의어나 반의어가 있다면 그것도 써 줍니다. 앞에 (유), (반)이라고 쓰고 단어를 쓰면 됩니다. 그 아래에는 예문을 씁니다. 예문은 국어사전에 있는 것을 쓰는 것도 좋지만 자신이 만든 예문을 쓰는 것도 좋습니다. 이렇게 하면 단어의 의미뿐 아니라 그 단어를 어떻

※출처: 네이버 국어사전

게 사용하는지도 함께 기억에 남기 때문입니다.

독해를 하다가 '환원'이라는 단어가 나왔다고 가정해 보겠습니다. 먼저 문맥을 통해 단어의 뜻을 충분히 짐작한 다음, 국어사전을 찾습니다. 그 아래에 유의어/반의어가 있습니다.

제가 읽었던 지문의 문장은 이것이었습니다.

'하지만 이것만으로는 두 표현의 의미가 같다는 것을 보장하지 못해서 동의적 표현은 언제나 반드시 대체 가능해야 한다는 필연성 개념에 다시 의존하게 된다. 이렇게 되면 동의적 표현이 동어 반복 명제로 환원 가능하게 하는 것이 되어, 필연성 개념은 다시 분석 명제 개념에 의존하게 되는 순환론에 빠진다.'

아무래도 문맥상 의미는 1번인 것 같습니다. 아래쪽에 있는 여러 예문까지 보고, 단어장을 정리합니다. 품사도 함께 적는 것이 좋습니다. 많은 아이가 단어의 품사를 몰라서 품사 문제에서 많이 틀리는

4장 수능 국어 1등급을 만드는 전략적 독서 로드맵

**229**

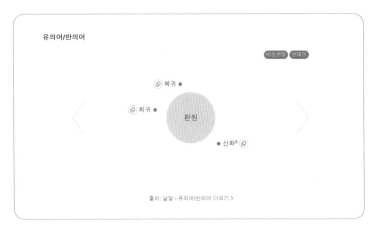

편입니다. 이 단어는 1번의 뜻이라면 반의어는 찾을 수 없으므로 유의어만 씁니다. 그 아래에는 예문을 씁니다. 시간을 오래 들이지 않아도 단어장을 만들 수 있습니다.

　단어장을 만든 것을 영어 단어장처럼 달달 외울 필요는 없습니다. 시간이 날 때마다 잠깐씩 눈에 익히면 됩니다. 이미 단어를 문맥 속에서 파악하고, 국어사전에서 찾고, 단어장을 만드는 과정을 거쳤습니다. 이 단계들을 통해 이미 세 번의 학습이 이루어졌기 때문에 반복적으로 단어장을 보는 것만으로도 충분히 기억에 남습니다. 나중에 해당 단어를 만나더라도 익숙하게 읽어 낼 수 있을 것입니다.

| 환원 | 명 본디의 상태로 다시 돌아감. 또는 그렇게 되게 함.<br>유 복귀, 회귀<br>　• 인파로 들끓던 시장 거리는 다시 아무 일도 없다는 듯 제 물결로 환원되고…….|
| --- | --- |

어휘력을 키우기 위해 단어의 뜻을 아는 것 이상으로 유의어와 반의어를 아는 것이 중요합니다. 유의어를 알면 같은 의미를 가진 다른 단어를 활용해 보다 다채로운 표현이 가능하고, 반의어를 통해 단어의 의미를 더욱 분명하게 구별할 수 있게 됩니다. 유의어와 반의어를 알면 한 단어의 범위를 넓게 이해하고, 어휘의 사용 범위를 넓힐 수 있기 때문입니다. 이는 표현을 다채롭고 정확하게 높이는 데 크게 기여합니다. 언어 감각을 키우고 표현력을 다양하게 하는 데 가장 좋은 방법이 유의어와 반의어를 익히는 것입니다.

예를 들어, '밝다'라는 단어를 살펴볼까요?

어떤가요? '밝다'라는 단어 하나만 알고 있을 때보다 유의어를 알고 있으면, '밝다'가 갖는 의미의 범위를 더 넓고 정교하게 이해할 수 있을 것 같지 않나요? 유의어라 해도 상황에 따라 사용되는 어휘가 달라 상황에 따라 적합한 단어를 선택해 사용할 수 있습니다.

사전에서 반의어는 안 나왔지만 '밝다'의 반의어로는 '어둡다', '침침하다', '흐릿하다' 정도가 있을 것 같습니다. 이렇게 반의어를 알고 있으면 그 의미가 어떤 상황에서 부각되는지 명확하게 이해할 수 있습니다.

유의어와 반의어를 알면 어휘의 양이 풍성해집니다. 국어사전에서 단어를 찾을 때 단어의 정의뿐 아니라 유의어와 반의어도 살펴보는 습관을 들이는 것을 추천합니다. 이를 통해 단어 하나하나의 의미

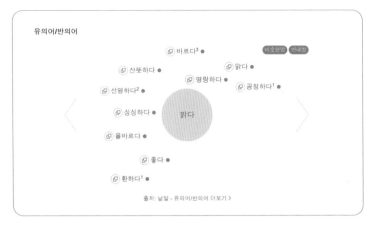

유의어/반의어

바르다³
산뜻하다          맑다
선명하다²     명랑하다     공정하다¹
싱싱하다          밝다
올바르다
좋다
환하다¹

비슷한말  반대말

출처: 낱말 - 유의어/반의어 더보기 〉

※출처: 네이버 국어사전

를 더 깊이 있게 파악하고, 효과적으로 어휘력을 넓힐 수 있기 때문
입니다. 언어 감각을 키우고 풍부하고 세밀한 표현도 가능합니다.

## 한자성어 익히기

한자성어는 독립된 한자들이 모여 새로운 의미를 만들어 내는 표
현입니다. 한자성어를 공부하면 단어의 뿌리를 이해할 수 있고, 이
렇게 익힌 한자어를 활용하면 복잡한 개념이나 상황을 간결하게
표현할 수 있습니다.

우리말의 70퍼센트 이상이 한자어입니다. 한자성어를 익히면서
각각 한자의 뜻을 파악하면 다른 글을 파악할 때도 좋습니다. 한자
를 익히면 어휘력을 키울 수 있다고 합니다. 한자성어를 공부하면

한자성어도 익히고, 한자도 익히는 일거양득의 효과가 있습니다.

특히 한자성어는 고전 문학 작품을 공부할 때 자주 등장하기 때문에 미리 알고 있으면 작품을 파악할 때 도움이 됩니다.

중학생이라면 한자성어를 다루는 책으로 한자성어를 익히게 해 주세요. 고등학생이라면 따로 한자성어를 공부하기보다 고전 문학 작품을 공부하면서 반복적으로 나오는 한자성어를 확실하게 익히게 하면 됩니다.

## 속담, 관용어 등 익히기

속담이나 관용어를 배우는 것도 어휘력 향상에 중요합니다. 이러한 표현들은 단순한 단어나 문장의 조합을 넘어서, 문화와 역사가 담겨 있는 언어의 보물입니다. 속담과 관용어는 일상생활 속에서 자주 사용되고, 간결하지만 그 언어의 미묘한 뉘앙스를 표현하고 이해하는 데 큰 역할을 합니다.

예를 들어, '가는 날이 장날'이라는 속담은 매우 간단한 표현이지만, 계획하지 않은 일이 우연히 중요한 날과 겹치게 된다는 뜻으로 불가피한 우연을 표현할 때 유용하게 쓰입니다.

속담이나 관용어는 초등학생 때, 국어 시간에 배웁니다. 초등학생 때의 학습을 바탕으로 중고등학생 때는 실생활에서 직접 사용하며 연습해야 자연스럽게 내면화되며, 그 속담이나 관용어가 어느 때에 사용되는지 익히게 됩니다.

이와 더불어 축약어만 사용하는 아이들의 어휘도 훨씬 풍부해질 겁니다. 이렇게 하면 어휘력이라는 단단한 벽돌을 갖출 수 있습니다.

## 실제에 적용하기

어휘력이라는 벽돌을 만들었다면 이것을 쌓아야 합니다. 다양한 장르의 글을 읽으면서 어휘력을 탄탄히 다져야 합니다. 문학 작품을 통해서 한자성어나 속담, 관용어를 익히고, 비문학 작품을 통해서 유의어, 반의어 등을 익혀야 합니다. 다양한 종류의 글을 접해야 여러 어휘를 접할 수 있습니다. 이는 어휘력을 자연스럽게 넓히고, 문맥을 파악하는 데도 큰 도움이 됩니다.

독해 연습을 할 때 새로운 단어나 표현을 만나면 문맥을 통해 의미를 파악합니다. 그 이후에 사전을 찾아서 의미를 이해합니다. 또한 읽은 내용에 대해 스스로 질문을 던져 비판적으로 사고하는 연습도 필요합니다.

어휘력을 기르기 위해 어휘력 문제집을 푸는 것보다 여러 글을 읽으면서 모르는 단어가 나오면 문맥을 통해서 단어의 뜻을 유추하고, 사전을 찾고, 그것을 익혀 다른 글을 읽으면서 그 단어가 나왔을 때, 자연스럽게 반복하는 것을 추천합니다. 이렇게 단어를 익히면 어휘력을 키우는 것이 숙제나 공부처럼 느껴지지 않고 자연스러울 겁니다.

# 비문학
# 독해 문제집
# 반드시
# 풀기

중고등학생이 되면 비문학 독해 문제집을 풀어야 합니다. 초등학생 때까지의 독서 실력을 국어 공부 실력으로 바꿔야 하기 때문입니다. 독서를 통해 쌓은 기초 체력을 문제집으로 날카롭게 다듬어야 합니다.

중고등학교의 비문학 독해 문제집은 문제 풀이 연습용으로 나온 문제집입니다. 비문학 독해 문제집에는 비문학이라는 생소한 지문이 나옵니다. 이 지문이 익숙해지게 반복하고 학습하는 것입니다. 비문학 영역은 그 분야에 관심이 없으면 가독성이 떨어집니다. 비문학 독해 문제집은 주제가 다양하고 지문이 짧아서 지겹지 않습니다. 여러 영역을 맛보기처럼 조금씩 다룹니다. 그중에서 아이가 관심 있어 하는 영역이 있으면 그 분야의 책을 읽히면 좋습니다.

비문학 독해 문제집으로 깊이 있는 독해력을 쌓기는 힘듭니다. 비문학 독해 문제집의 목적 자체가 문제 풀이용이기 때문입니다. 비문학 독해 문제집은 일정 수준 이상의 독해력을 갖추었을 때, 효과적입니다. 독해력은 글을 읽고 해석하는 능력입니다. 짧은 글보다는 긴 글을 읽어야 독해력을 키울 수 있습니다.

**아이의 독해력이 부족하다면 문제 풀이가 목적인 비문학 독해 문제집을 추천하지 않습니다. 독서를 통해서 독해력을 쌓은 다음 문제집을 풀어야 합니다.** 고등학생이 되어서 독서를 하기에는 시간이 빠듯합니다. 중학생 때라도 독해력을 쌓아야 합니다. 아이러니하게 독해력이 없는데 비문학 독해 문제집만 풀면 그 효과는 반감됩니다. 오히려 문제를 풀면서 점수를 얻거나 정답을 찾는 데만 치중할 수 있습니다. 지문을 제대로 읽지 않거나 독해 의지를 없애버리는 부정적 결과를 가져올 수 있는 거죠.

## 비문학 독해 문제집을 풀 때 유의할 점

비문학 독해 문제집을 풀 때는 독해 지문을 분석하고 문제를 풀어야 합니다. 비문학 지문은 배경지식을 묻는 문제가 아닙니다. 배경지식이 있으면 독해하는 데 도움은 되지만 그것이 독해의 핵심은 아닙니다. 본문 내용을 얼마나 잘 분석하고 읽어내는가가 핵심이죠.

지문을 제대로 파악하지 못하면 비문학 독해 문제집은 소용없습니다. 중고등학교 비문학 독해 문제집을 살펴보면 교재 수준이나 구성에 큰 차이는 없습니다. 문제집들이 어느 정도 표준화되어 있기 때문입니다. 문제 유형도 핵심어 찾기, 구조 파악하기, 내용 이해 확인 등 비슷합니다. 아이가 원하는 문제집을 골라서 풀게 하면 됩니다.

비문학 독해 문제집을 풀 때는 다양한 지문을 읽는 데 초점을 둡니다. 문제집이기는 하지만 우리가 비문학 독해 문제집을 푸는 목적은 문제를 푸는 것만은 아닙니다.

이 문제집을 푸는 가장 큰 목적은 독해입니다. 비문학 독해 '문제집'이 아니라 비문학 '독해' 문제집으로 활용해야 합니다. 독해 문제집은 백점을 받는 것이 중요하지 않습니다. 지문을 읽고 문단마다 번호를 매기고, 문단 내용을 요약하고, 핵심어를 찾고, 중심 문장을 찾는 등의 연습이 더 중요합니다. 그 뒤에 문제를 풀어야 합니다. 정답인 것과 정답이 아닌 것의 이유를 본문 내용 중에서 찾아서 분석해야 합니다.

## 비문학 독해 문제집 푸는 요령 익히기

아이가 혼자 공부한다면 처음에는 비문학 독해 문제집의 답지에 있는 독해 요령을 보면서 독해를 따라 하며 공부합니다. 나중에는 스스로 비문학 독해 스킬을 사용해서 본문을 분석하는 연습을 합니다. 답지와 비교하면서 자신이 제대로 분석했는지도 확인해 봅니다.

비문학 독해 문제집을 풀 때는 뒤쪽의 해설서를 꼼꼼하게 봐야 합니다. 비문학 독해 문제집의 답지에는 독해 요령도 나와 있고, 각 문제에 대한 설명도 상세합니다. 아이가 혼자서 공부한다면 독해 문제집의 답지를 꼭 읽혀야 합니다. 엄마가 해설서를, 아이는 문제집을 보면서 엄마가 설명을 해줘도 됩니다. 채점하고 틀린 것만 보면 안 됩니다.

## 비문학 독해 문제집을 풀 때 고려할 사항

과연 어떤 비문학 독해 문제집을 풀어야 할까요?

첫째, 아이의 수준에 맞는 교재를 선택해야 합니다. 비문학 독해 문제집의 수준이나 질은 크게 차이가 없다고 이야기했습니다. 하지만 인터넷 카페를 검색해 보면 어떤 비문학 독해 문제집이 좋다더라며 평이 올라와 있습니다. 그런 글을 볼 때마다 귀가 팔랑거립니다. 그 문제집을 풀면 아이의 비문학 독해 실력이 향상될 것 같습니다.

절대 그렇게 고르면 안 됩니다. 문제집 선택의 기준은 '내 아이'여야 합니다. 사람들이 많이 구매하거나 평이 좋은 교재가 아니라

지금 우리 아이에게 맞는 수준, 필요한 구성을 판단해서 선택해야 합니다.

중학교 3학년이라고 무조건 3학년 학생들을 위한 교재를 선택할 것이 아니라 실제로 서점에 가서 아이와 함께 교재를 보면서 아이의 학습 수준을 확인하고 그에 맞는 것을 선택해야 합니다. 지문 하나를 보며 "어떤 내용인지 설명해 볼래?" 등의 질문을 하고 모르는 어휘가 많거나 단락을 요약하지 못할 때는 레벨을 낮춰서 교재를 선택하는 것이죠.

아이의 수준이 제 학년보다 낮다고 하더라도 걱정할 필요 없습니다. 우리는 이미 국어 원어민이니까요. 꾸준히 공부한다면 다른 어떤 과목보다 빠르게 제 학년의 수준으로 향상될 겁니다.

## 핵심어와 중심 문장을 찾자

지문을 읽을 때는 반드시 지문을 분석해야 합니다. 지문을 분석한다는 것은 그 단원의 '핵심어'와 '중심 문장'을 찾는 것입니다. 그 '핵심어'나 '중심 문장'을 찾기 위해서 필기구를 들고 밑줄을 긋거나 동그라미, 세모, 네모 등의 표시를 하는 것이죠.

이때 지문에 여러 표시를 해야 합니다. 비문학 지문을 읽고 난 뒤에 그 지문이 깨끗하다면 제대로 공부한 것이 아닙니다. 맞든 틀리든 밑줄도 긋고, 다양한 도형 표시도 하면서 어떻게 하면 글의 핵심어와 중심 문장을 찾을 수 있을 것인지를 궁리해야 합니다.

**핵심어, 중심 문장은 바로 작가가 전달하고자 하는 메시지입니다.** 사실 비문학 공부를 잘하는 아이는 다른 아이들과 비교해서 다른 특별한 능력이 있는 것이 아니라 이 '메시지'를 빨리 파악할 수 있는 것입니다. 지금 당장은 이 역량이 부족하더라도 지금부터 차근차근 연습하면 되니까 너무 걱정할 필요는 없습니다.

핵심어와 중심 문장을 찾는 것은 절대 쉬운 일이 아닙니다. 처음에는 옆에서 도와주는 것이 좋습니다. 핵심어와 중심 문장은 답지를 통해 확인하고, 잘못 찾은 부분이 있다면 '왜' 잘못 찾았는지 답지를 충분히 읽고 직접 설명할 수 있어야 합니다.

### 글의 구조도 그리기

지문을 읽을 때, 핵심어와 중심 문장을 분석했다면 그 핵심어끼리, 혹은 문단끼리 상관관계를 구조화해서 그림으로 나타내는 것입니다. 글의 구조도를 통해 지문 전체 내용을 파악하는 연습을 하는 것이죠. 구조도를 그리는 방법은 정해져 있는 것이 없습니다.

중학교 비문학 독해 문제집의 답지나 뒤편에 글의 구조도가 그려져 있는 경우가 많습니다. 자신만의 구조도를 만들어 보고, 문제집에서 제시하고 있는 구조도와 자신의 구조도를 비교해서 어떤 면이 비슷하고, 어떤 면이 다른지를 살펴보면 충분합니다. 구조도가 똑같을 수는 없지만 만일 다른 면이 있다면 그 원인이 무엇인지 분석하면 점점 완벽한 구조도를 그리게 될 겁니다.

처음 구조도를 그리면 시간이 오래 걸릴 수밖에 없습니다. 어떤 아이의 경우 비문학 문제를 푸는 건 괜찮은데, 구조도를 그리는 데 시간이 너무 많이 걸려서 비문학 문제를 풀기 싫다고 하는 아이도 있었습니다. 너무 길게 쓰거나 다 쓸 필요 없습니다. '핵심어' 위주의 단어를 쓰면 시간을 단축할 수 있습니다.

구조도를 그리는 것은 시간이 지날수록 시간이 단축됩니다. 가능하다면 누군가의 도움을 받는 것보다 스스로 그리는 것이 좋습니다.

## 비문학 독해 문제집에서 모르는 어휘는 공부하자

비문학 독해 문제집을 풀면 모르는 어휘가 많이 등장합니다. 당연합니다. 우리가 접하지 못했던 영역이기 때문입니다. 모르는 어휘가 많이 나오면 독해가 자연스럽게 이루어지지 않습니다. 마치 길을 달리는데 커다란 돌부리에 발이 걸려 자꾸 넘어지는 것과 같습니다. 그러면 원하는 곳까지 달리기 힘듭니다.

빠른 속도로 지문을 읽으면서 각 문단의 핵심 내용을 찾아내고 문제에까지 적용시켜야 하는데, 뜻을 모르거나 헷갈리는 어휘가 있다면 글 읽는 속도가 느려질 수밖에 없습니다.

가능한 한 모르는 어휘는 국어사전을 찾기를 추천합니다. 사전을 찾으면 그 단어의 원래 뜻과 파생된 뜻, 그리고 예문까지 자세히 제시됩니다. 물론 종이로 된 국어사전이 아니라도 좋습니다. 네이버나 구글 등 검색창에 단어를 검색해도 국어사전만큼 뜻이 자세히 잘 나옵니다. 국어사전과 연계해서 단어의 뜻을 찾을 수도 있고요. 시간 여유가 없다면 이렇게 국어사전만 봐도 좋습니다.

하지만 더 확실하게 공부하기 위해 노트에 정리하는 것을 추천합니다. 단어만 정리해 두는 것보다 그 단어가 사용된 문장까지 함께 정리합니다. 그래야 몰랐던 단어가 어떤 느낌으로 문장에서 사용되는지 알 수 있습니다. 시간이 날 때마다 꾸준히 읽으며 복습하면 어휘력 문제집을 따로 풀지 않아도 충분히 어휘력을 키울 수 있습니다.

## 오답은 정말 중요하다

문제를 풀고 채점한 뒤 해설지를 통해 오답을 '제대로' 확인해야 합니다. 비문학 독해 문제는 '지문'에 답이 있습니다. 배경지식을 활용해 상상의 나래를 펼쳐서 문제를 푸는 것이 아니라 문제를 읽고 각 선지의 정오답 근거를 제시된 지문에서 찾아내야 합니다. 절대 자신의 '국어적인 감'으로 비문학 지문의 문제를 풀어서는 안 됩니다. 운이 좋아 어쩌다가 한두 번 맞힐 수는 있어도 자신의 실력이 되지는 못합니다. 고등학생이 되어서는 이런 습관을 고치기 힘듭니다. 그 전에 고쳐야 합니다.

답지를 살펴보면 각 선지의 정오답 근거가 명확하게 제시되어 있습니다. 그것을 읽으면서 정답인 것은 왜 그것이 정답인지, 오답인 것은 왜 그것이 오답인지를 정확하게 '지문' 안에서 근거를 찾고 이해해야 합니다.

## 중학교 비문학 문제집

| 책 제목 | 출판사 | 학교 국어 공부 |
|---|---|---|
| 빠작<br>(빠른시작) | 동아출판 | • 인문, 사회, 과학, 기술, 예술 등 5개 분야의 지문 수록<br>• 각 문단의 중심 내용을 정리 및 구조도 작성<br>• 지문 내용과 관련된 배경지식을 수록<br>• 지문에 나온 어휘의 의미와 쓰임 공부 |
| 자이스토리 | 수경출판사 | • 하루 2지문씩 24일 학습 완성<br>• 책 전체를 STEP 1, STEP 2, STEP 3로 단계화<br>• 각 STEP에 Follow me 제시, 지문 접근 방법 안내<br>• 다양한 유형의 어휘 테스트, 배경지식 제시<br>• 해설에 지문 전체 및 문제 전문 수록 |
| 숨마 주니어<br>중학 국어<br>비문학<br>독해 연습 | 이룸 E&B | • 5개 분야의 특성을 고려한 동종 교재 대비 최대 지문 수록<br>• 수준별, 단계별 문제 수록<br>• 제재별 자주 나오는 어휘 정리, TEST 통해 확인<br>• 해설에 지문 전체 및 문제 전문 수록 |

중학교에서 많이 사용하는 비문학 독해 문제집 몇 가지를 간단히 소개해 드렸습니다. 이보다 더 많은 문제집이 있으니 반드시 아이와 함께 서점에 가서 실제 문제집을 확인하시고 구입할 것을 추천합니다.

# 꾸준한 독서로
# 이끄는
# 독서 습관
# 세우기

국어 공부를 잘하기 위해서 독서는 떼려야 뗄 수 없는 불가분의 관계입니다. 아이가 중학생이 되었다고 해서, 고등학생이 되었다고 해서 독서할 시간이 없다고 독서를 하지 않으면 안 됩니다. 독서는 조금씩 하더라도 꾸준히 해야 합니다.

물론 중학생 때와 고등학생 때 독서를 하는 목적은 다를 수밖에 없습니다. 하지만 중고등학교 때 변하지 않고 독서 습관을 세워 꾸준히 독서를 해야 합니다. 그래야 독서 습관을 잡을 수 있기 때문입니다. 그러면 중학생과 고등학생을 위한 독서 로드맵을 살펴보겠습니다.

중학생은 아직 성적에 민감한 시기는 아닙니다. 특히 중학교 1학년 아이들은 초등학교 7학년이라고 이야기할 만큼 아직 성적에 관심도 없고, 잘 모릅니다. 이런 아이들에게 공부를 위한 독서를 시작하면 시작도 하기 전에 독서를 지겨워할 겁니다. 중학교 1학년 아이들에게는 독서가 재미있는 것이라는 것을 인지시키고, 자발적으로 독서를 할 수 있도록 해야 합니다.

다소 교육적이지 않은 책을 읽더라도 흐린 눈을 해야 합니다. 어쨌든 책이라는 걸 읽고 있으니까요. 아이가 자신이 읽고 싶은 책 5권에 엄마가 읽히고 싶은 책 1권 정도로 나름의 기준을 정하고 아이에게 책을 추천합니다. 읽지 않는다면 어쩔 수 없습니다. 강요할 수는 없으니까요. 여러 가지 당근 정책으로 책을 읽게 꾀어야 합니다.

이때 책은 너무 두껍거나 어려워서는 안 됩니다. 청소년 소설 중에서 재미있는 것들이 굉장히 많습니다. 그런 책들도 좋고, 비문학 책이라면 청소년용으로 나오는 얇은 비문학책들이 많습니다. 그런 책들을 권해 주세요.

중학교 2학년은 사춘기의 절정인 아이들입니다. 책을 좋아하는 아이들은 책에만 푹 빠진 경우도 있고, 아예 책이라고는 안 읽는 경우도 있습니다. 1학년 때 책이라는 것이 만만하고 재미있는 것이라는 것을 느낀 아이들은 그래도 책을 완전히 놓지는 않습니다.

중학교 2학년이 되면 학습을 목적으로 하는 독서를 시작해야 합니다. 2학년 여름 방학 즈음부터 한국 단편 소설을 읽게 해 주세요. 하루 1편이면 충분합니다. 다 읽는 데 10분 정도 소요될 겁니다. 그 정도면 충분합니다. 비문학 문제집을 풀고 있다면 비문학 문제집을 풀다가 흥미 있는 영역의 내용을 다루는 책을 읽게 하면 좋습니다.

영화나 다양한 매체를 활용해서 비문학 영역에 관심을 유도하는 것도 좋습니다. 요즘에는 역사적 상황을 배경으로 하거나 과학적 지식을 바탕으로 한 영화들이 굉장히 많이 나옵니다. 이런 영화를 보고, 그 내용과 관련된 책을 읽으면 영화의 내용도, 책의 내용도 이해가 깊어집니다. 이렇게 여러 방법을 활용해서 독서의 끈을 놓지 않도록 해야 합니다.

중학교 3학년은 억지로 독서를 끌고 가기에는 좀 늦었습니다. 하지만 고등학생이 된다는 압박감이 있어서 '공부'나 '성적'으로 협박하면 먹히는 편입니다. 꾸준히 한국 단편 소설을 읽었다면 대부분의 유명한 작품은 다 읽었을 겁니다. 중학교 3학년 아이들에게는 고전 소설을 추천합니다. 시대적 상황이 달라서 아이들은 이해할 수 없는 부분들이 많습니다. 미리 읽어 두고, 줄거리를 파악해야 시대 상황을 들으면 고전 소설 속의 상황을 이해할 수 있습니다.

특히 고전 소설의 경우 시대적 상황이나 여러 공부해야 할 것이 많아 수업을 듣기 전부터 아이들은 고전 소설에 대해 거부감을 가진 경우가 많습니다. 미리 줄거리를 알고 있다면 이런 거부감이 훨씬 덜하겠지요.

중학생 때 꾸준히 읽는 독서 습관이 고등학생이 되어서 국어 영역 모의고사나 내신 시험을 볼 때 긴 지문을 빠르게 읽을 수 있는 힘이 됩니다. 의외로 많은 고등학생이 국어 시험의 긴 지문을 보고 읽기도 전에 질려서 포기하는 경우가 많습니다. 중학교 때 긴 글을 꾸준히 읽어서 아이들이 지문의 길이에 압도당하지 않게 도와주세요.

## 고등학생을 위한 독서 로드맵

고등학생은 독서 로드맵을 따로 생각할 필요 없을 정도로 공부에 집중해야 하는 시기입니다. 그런데 놀랍게도 최상위 아이들은 독서 상황란이 가득 차 있습니다. 도대체 공부할 시간도 부족하다고 하는데, 그 아이들은 어떻게 독서상황란이 가득 차 있는 걸까요?

**최상위 아이들을 살펴본 결과, 하루를 치열하게 계산해서 생활하고 있었습니다.** 자투리 시간조차 낭비하지 않고 계획적으로 공부를 하더군요. 독서도 마찬가지였습니다. **하루 일과 중 어느 한 시간을 계획해서 매일 그 시간 동안은 독서를 했습니다.** 시간이 나면 휴대폰 게임을 하고 놀고 있는 아이들과 달리 최상위 아이들은 그 시간에 독서를 한 거죠.

고등학교 1학년 아이들은 고등학교 3년 중에서 가장 시간 여유가 있는 시기입니다. 만일 대표적인 **고전 소설**이나 **한국 단편 소설**을 다 읽지 못했다면 고등학교 1학년 때는 다 읽어야 합니다. 국어 수업 시간에 수많은 작품의 제목이 쏟아질 겁니다. 그 작품들의 이름을 모르면 들어도 무슨 작품인지 모릅니다. 그러나 줄거리를 파악하고 있다면 제목만 들어도 수업 시간에 다루는 작품과의 연계성을 염두에 두고 수업을 들을 수 있습니다. 그 마지막 기회는 고등학교 1학년입니다.

그 외에 선생님들이 교과세특을 위해서 독서 활동을 많이 시킬 겁니다. 각 수업 시간에 읽어야 하는 작품들의 양도 많고 작품의 수준도 꽤 높습니다. 그 책들을 읽는 것만으로도 독서 시간이 충분할 것으로 생각합니다. 여기에서 한발 더 나아가서 조금 더 풍성한 학교생활기록부를 위해서 독서를 한다면 수업 시간 선생님께서 언급한 작품을 찾아 읽는다거나 선생님께 가서 수업 시간에 다루었던 내용을 좀 더 깊이 알고 싶은데, 도움이 되는 책이 무엇이 있을 것인지 여쭤보기를 추천합니다.

고등학생은 분명한 목표 의식을 갖고, 그 목표를 달성하기 위한 책들로 독서 로드맵을 세우기를 추천합니다.

## 독서 습관 세우기

중고등학교 독서 로드맵을 세웠다면 로드맵에 맞게 꾸준히 독서를 해야 합니다. 꾸준한 독서를 위해서 독서 습관이 필요합니다. 우선 독서를 할 수 있는 환경을 마련해야 합니다. 저의 경우 온라인 독서

모임을 만들었습니다. 독서 모임을 운영하는 주선자가 공동 SNS에 공간을 만들고, 각각 문학 책 1권. 비문학책 1권을 구입해서 다 읽은 다음, 자신의 다음 차례에 읽을 아이에게 자신이 읽은 책을 택배로 보냅니다. 1번이 2번에게, 2번이 3번에게 보내는 것이죠. 아이는 앞 차례의 아이에게 택배로 책을 받습니다. 한 가정에서 한 달 동안두 권의 책을 읽는 겁니다. 책을 읽는 것에 대한 책임감도 필요해서 책의 앞표지 부분에 표를 붙이고 3줄 감상문을 썼습니다.

월말이 되면 다음 차례의 아이에게 택배를 보내야 했기 때문에 서둘러서 읽기도 했습니다. 재미가 없다거나 읽기 싫어하는 책도 있었지만, 자율로 두면 그런 종류의 책은 전혀 읽지 않았을 것 같기에 만족스러웠습니다. 이렇게 독서 환경에 강제성을 두면 독서 습관에 도움이 됩니다.

다음으로 독후 활동이 필요합니다. 독후감은 좋은 독후 활동이지만 많은 아이가 싫어하는 독후 활동입니다. 학교에서 만나는 아이

| 이름 | 책 제목 | 나만의 별표 | 3줄 감상 |
|---|---|---|---|
| 혜림 | 아멜리아와 전설의 동물 | ★★★★☆ | 중학생들이 쓴 소설이라고 한다. 판타지 소설을 좋아하는데, 왠지 해리포터 느낌이 나서 재미있었다. 룡룡이가 참 귀여웠다. 뒤의 이야기가 궁금하다. |
| | | ☆☆☆☆☆ | |
| | | ☆☆☆☆☆ | |
| | | ☆☆☆☆☆ | |

들도 학교생활기록부에 독후 활동이 기록되지만 그것을 충실히 하는 아이는 드뭅니다. 한 달에 한 권, 또는 한 학기에 두서너 권 정도 읽고 독후감을 쓰는 것도 중고등학생에게는 충분합니다. 평소에는 위에서 제시한 것처럼 3줄 정도 자기 생각이나 느낌을 간단하게 쓰는 것을 추천합니다.

이렇게 한다면 꾸준하게 독서할 수 있을 거라 확신합니다.

국어 1등급을 받기 위해서는 단순히 한 가지 분야만 뛰어나서는 안 됩니다. 국어의 여러 영역을 균형 있게 기초부터 탄탄히 다져야 진정한 실력을 쌓을 수 있습니다. 독서를 바탕으로 국어 공부를 위한 바탕을 마련하고 그 위에 국어의 다양한 영역의 특징에 맞추어 세밀하게 공부해야 합니다. 그러기 위해서 이해가 필요한 부분은 이해하고, 암기가 필요한 부분은 꼼꼼하게 암기하면서 벽돌을 쌓듯 차근차근 다져야 합니다.

국어 공부는 단기간에 성과를 내기 어렵습니다. 꾸준한 노력이 필수적입니다. 분명, 꾸준하게 공부하면 수능 국어에서 안정적으로 1등급을 받을 수 있을 겁니다.

국어 성적이 좋은 아이들은 대체로 다른 과목의 성적도 좋은 편입니다. 국어는 다른 과목을 공부하기 위한 도구이기도 하니까요.

가장 중요한 것은 이 길고 긴 레이스에서 지치지 않고 이어가는 힘입니다. 공부를 하다 보면 다양한 변수가 생길 수 있습니다. 계획한 대로 공부하지 못했거나 예상치 못했던 일이 발생할 수도 있습니다. 그래도 괜찮습니다. 포기하지 않고 끝까지 가는 것이 중요하니까요.

수학 로드맵이나 영어 로드맵을 세우듯이 국어 로드맵도 세워 보세요. 국어 로드맵을 어떻게 세워야 할지 모르겠다면 수능 국어 시험지를 찾아보세요. 다양한 영역의 독서가 왜 중요한지, 국어의 여러 영역을 왜 공부해야 하는지 생각해 볼 수 있습니다. 고등학교 3학년 때, 이 지문을 읽고 이 문제를 풀기 위해서 지금 아이의 독서 수준이나 이해력이나 문해력 수준에서 어떻게 해야 할 지 가늠하며 국어 로드맵을 세우면 됩니다.

로드맵을 세울 때는 반드시 국어 교과서를 곁에 두고, 어느 정도의 수준으로 학습시켜야 할 것인지 기준을 잡는 것이 좋습니다.

다음은 독서와 국어 공부를 잘하고 있는지 확인하는 체크 리스트입니다. 독서와 국어 공부 정도를 확인하고 국어 공부 로드맵을 어떻게 잡아야 할지 가늠하는 척도가 되기를 바랍니다.

# 독서 영역

| | 5점 | 3점 | 1점 |
|---|---|---|---|
| 1. 한 달에 읽는 책은 몇 권인가?<br>(만화책 제외) | 3~4권 | 1~2권 | 0권 |
| 2. 한 달간 도서관 방문 횟수는?<br>(학교 도서관 포함) | 3~4회 | 1~2회 | 0회 |
| 3. 학교 도서관에서 일주일간<br>빌리는 책의 권수는? | 5권 이상 | 2~4권 | 1권 이하 |
| 4. 매일 독서하는 시간은? | 1시간 이상 | 30분 | 안 읽음 |
| 5. 최근 3개월 동안 읽은 책의<br>장르는 다양한가?<br>(소설, 비문학, 시, 자기계발 등) | 2가지 이상 | 1가지 | 안 읽음 |
| 6. 책의 줄거리와 감상을 쓸 수<br>있는가? | 1페이지로<br>쓴다. | 반 페이지<br>정도 쓴다. | 거의 쓰지<br>못한다. |
| 7. 읽은 책의 주요 내용을 요약해서<br>설명할 수 있는가? | 요약할 수<br>있다. | 요약하지만<br>자연스럽지<br>못하다. | 요약하지<br>못한다. |
| 8. 책의 주제나 메시지를 이해하고<br>있는가? | 잘 이해하고<br>있다. | 이해하지만<br>설명하지<br>못한다. | 이해하지<br>못한다. |
| 9. 책의 내용에 대해 비판적으로<br>생각하며 읽는가? | 나의 생각과<br>비교하며 비판적<br>으로 읽는다. | 읽기는 하지만<br>비판적이지는<br>않다. | 그냥<br>읽는다. |
| 10. 읽은 책과 앞으로 읽고 싶은<br>책의 목록을 관리하는가? | 관리하고<br>있다. | 잘 관리하지<br>못하고 있다. | 관리하지<br>않는다. |

# 국어 공부 영역

| | 5점 | 3점 | 1점 |
|---|---|---|---|
| 1. 스스로 공부 계획을 세워 공부하는가? | 스스로 공부 계획을 세워 공부한다. | 계획은 못 세워도 공부는 한다. | 시키는 공부만 한다. |
| 2. 국어 교과서를 공부하는가? | 개념을 찾고 정리하며 공부한다. | 개념을 찾아 읽을 수 있다. | 개념을 찾지 못한다. |
| 3. 국어 수업 시간에 집중하는가? | 집중하고 질문도 많이 한다. | 집중한다. | 집중하지 않는다. |
| 4. 국어 수업 후에 복습하는가? | 복습뿐 아니라 예습도 한다. | 복습한다. | 공부하지 않는다. |
| 5. 국어 시험 후 문제를 분석하는가? | 시험이 끝나자마자 바로 분석한다. | 선생님의 분석을 듣는다. | 분석하지 않는다. |
| 6. 매일 국어 공부를 위해 30분 이상 확보하는가? | 30분 이상 공부한다. | 10분 정도 공부한다. | 공부하지 않는다. |
| 7. 소설책을 읽는가? | 일주일에 1권 읽는다. | 3주에 한 권 읽는다. | 읽지 않는다. |
| 8. 비문학 문제집을 풀고 있는가? | 매일 풀고 있다. | 생각날 때만 푼다. | 풀지 않는다. |
| 9. 공부한 후 자신의 이해도를 스스로 평가하고 부족한 부분을 개선하려 노력하는가? | 부족한 부분을 개선하기 위해 노력한다. | 부족한 부분이 어디인지는 안다. | 이해도를 스스로 평가하지 않는다. |
| 10. 매주 일기 등 자신의 생각을 글로 표현하는가? | 일주일에 2회 이상 쓴다. | 일주일에 1회 쓴다. | 쓰지 않는다. |

# 총점

| 점수 | 결과 |
|---|---|
| 80점 이상 | 무척 잘하고 있습니다. 지금처럼 꾸준히 하면 됩니다. 부족한 부분이 있다고 느껴지면 그 부분을 중심으로 공부합니다. 점차 제 학년보다 더 빠르게 학습할 수도 있는데, 걱정 말고 아이의 수준에 따라가면 됩니다. |
| 60~79점 | 잘하고 있습니다. 독서나 국어 공부 중 부족한 부분을 찾고, 그 부분을 한 번 더 점검하기를 추천합니다. 부족한 부분의 시간이나 횟수를 조금 더 늘려 주세요. 부족한 부분을 하고 나서 확인하는 것을 잊지 마세요. |
| 40~59점 | 독서와 국어 공부 중 어느 쪽이 더 부족한지 찾고 그 부분을 중점적으로 다루어야 합니다. 아직 자기 주도 학습이 자리잡지 않았기 때문에 독서를 하거나 국어 공부를 할 때 곁에서 지켜봐야 합니다. |
| 그 이하 | 독서나 국어 공부에 흥미가 없을 가능성이 높습니다. 독서의 점수가 낮다면 제 학년의 수준보다 낮은 책부터 시작하거나 좋아할 만한 주제의 책으로 독서를 좋아하게 만들고 국어 공부의 점수가 낮다면 국어 교과서부터 다시 천천히 읽으면서 공부할 것을 추천합니다. |

국어 성적이 대학을 결정합니다

# 중등부터 시작하는
# 수능 1등급 독서법

**1판 1쇄 발행**  2025년 3월 10일

**지은이** 배혜림
**발행인** 조상현
**마케팅** 조정빈  **편집인** 비사이드 미  **디자인** 페이퍼컷 장상호

**발행처** 더디퍼런스
**등록번호** 제2018-000177호
**주소** 경기도 고양시 덕양구 큰골길 33-170(오금동)
**문의** 02-712-7927  **팩스** 02-6974-1237
**이메일** thedibooks@naver.com  **홈페이지** www.thedifference.co.kr

ISBN  979-11-6125-531-6  43370

정확히 알고 확실히 준비하는
십대들의 아주 리얼한 직업책

**진로직업 마스터플랜**
내 삶의 주인공이 되도록 하는
직업의 의미와 가치를 알아본다.

**아이돌 스타 마스터플랜**
현재 아이돌의 삶과 아이돌이 되는
방법을 자세히 말해준다.

**1인 크리에이터 마스터플랜**
인기 있는 크리에이터로서
갖춰야 할 태도와 자세를 배운다.

**드론 전문가 마스터플랜**
드론 전문가를 꿈꾸는 청소년을
위한 진로 로드맵

**파일럿 마스터플랜**
파일럿이 되기까지 거쳐야 하는
진로 로드맵을 꼼꼼히 체크한다.

**셰프 마스터플랜**
셰프를 꿈꾸는 청소년들의 미래를
생생하게 보여준다.

**웹소설 작가 마스터플랜**
웹소설 작가가 되는 방법과
미래 전망을 알고 싶을 때

**빅데이터 전문가 마스터플랜**
4차 산업혁명 시대의 대표 직업,
빅데이터 전문가의 세계

**미래 선생님 마스터플랜**
미래 사회 선생님의 역할은
어떻게 변할까?

**반려동물 전문가 마스터플랜**
수의사, 도그 핸들러, 펫시터 등
흥미로운 직업 세계

**프로파일러 마스터플랜**
경찰이면서 범죄심리분석관인
프로파일러의 세계

**로봇공학자 마스터플랜**
'로알못'들을 로봇공학자의
신세계로 초대한다.

**심리전문가 마스터플랜**
논리적인 사고와 따뜻한 마음을
동시에 가져야 하는 직업

**공무원 마스터플랜**
우리가 꿈꾸는 공무원은
실제 모습과 어떻게 다를까?

**미래 의사 마스터플랜**
의사가 가진 직업적 가치는?
미래 의사는 어떤 모습으로 일할까?

**1인 기업 마스터플랜**
청소년이 미래에 한 번쯤
갖게 될 직업, 1인 기업가!

**웹툰 작가 마스터플랜**
웹툰 작가는 정해진 진로의
순서가 없다. 누구나 가능하다!

**운동 선수 마스터플랜**
어떤 직업보다 '경쟁'이 치열하고
어떤 일보다 '실력'이 먼저이다.

**법조인 마스터플랜**
변호사, 판사, 검사부터 인공지능
법조인까지 통합적으로 탐색하는 책!

**사회복지사 마스터플랜**
사회복지사의 업무부터 자격증
취득 방법까지 사회복지사의 세계!

※청소년 직업 로드맵 〈마스터플랜 시리즈〉는
계속 출간됩니다.